프로게이머 마스터플랜

프로게이머 마스터플랜

초판 1쇄 발행 2025년 3월 20일

지은이   theD마스터플랜연구소(이경윤)
발행인   조상현
마케팅   조정빈
편집인   김유진
디자인   김희진

          더디퍼런스
          2018-000177호
주소   경기도 고양시 덕양구 큰골길 33-170
문의   02-712-7927
팩스   02-6974-1237
이메일   thedibooks@naver.com
홈페이지   www.thedifference.co.kr

ISBN   979-11-61255-33-0 03370

더스 | 더디 | 더디퍼런스 | 마이북

십대가 되고 싶은 직업 로드맵

프로게이머
마스터플랜

theD마스터플랜연구소 지음

더디퍼런스

내 꿈은 프로게이머

인간은 누구나 오락에 대한 본능이 있다. 여기서 오락이란 어떤 즐거움을 통하여 긴장과 스트레스를 줄여 주는 정신적, 신체적 활동을 말한다. 인간은 인간사회가 생긴 이래로 이러한 오락을 통하여 삶을 즐기거나 일상의 스트레스를 해소해 왔다.

오락이 스트레스를 줄여 주는 원리는 과학적으로도 설명할 수 있다. 오락을 할 때 사람의 뇌에서는 도파민과 같은 신경전달물질이 분비되어 즐거움을 느끼게 된다. 이때 느끼는 쾌락과 같은 감정은 스트레스 해소와 회복의 기회를 제공할 뿐만 아니라 과도한 긴장 상태에서 벗어나게 함으로써 생리적 균형을 유지하는 데에도 도움을 준다. 오락의 이러한 면 때문에 인간은 오래전부터 여가 시간에 오락을 즐기는 문화를 만들어 왔다.

컴퓨터 게임은 인간의 오락에 대한 본능을 컴퓨터에 적용하여 발전한 게임이다. 컴퓨터 게임은 다른 게임에 비해 매우 빠르게 발전하면서 다양한 방식으로 오락의 기회를 제공함으로써 단숨에 전 세계인이 즐기는 오락문화로 자리를 잡게 되었다.

특히 컴퓨터 게임은 화려한 그래픽과 다양한 콘텐츠 등으로 사람을 빠져들게 하여 한 번 시작하면 쉽게 그만두지 못하는 특징이 있다. 이 때문에 학생들에게는 컴퓨터 게임이 공부를 방해하는 대상으로 인식되기도 한다.

하지만 컴퓨터 게임은 앞에서 말한 오락적 기능과 함께 다양하고 복잡한 규칙에 따라 임무를 수행하는 과정에서 문제해결 능력이 개발되고 창의성이 발달하는 등의 긍정적 효과도 있다. 예를 들어 2011년 시행된 미시간 주립대 연구에 의하면, 컴퓨터 게임을 자주 하는 아이들이 그렇지 않은 아이들에 비해 창의성 테스트에서 더 높은 점수를 기록했다.

컴퓨터 게임의 긍정적 효과는 결국 부정적 효과를 누르고 더욱더 활성화되었으며, 컴퓨터 게임 자체가 직업이 되는 e스포츠를 탄생시켰다. 오늘날 e스포츠는 전 세계적으로 큰 인기를 얻고 있는 분야로 성장하였으며, 단순히 게임을 즐기는 것에서 나아가 거대한 경제 산업으로 발전한 상태이다. e스포츠는 다른 스포츠와 마찬가지로 방송 중계권 계약, 대기업의 스폰서 계약, 티켓 판매, 굿즈 판매 등을 통하여 막대한 수익을 얻고 있는 상황이다.

e스포츠 분야에 종사하는 직업도 탄생하였다. e스포츠 분야에서 최고의 직업은 바로 e스포츠 프로선수이다. 이를 프로게이머라고 한다. 프로게이머가 되면 e스포츠 프로팀과 연봉 계약으로 수입을 얻을 수 있으며 일반 직장인보다 훨씬 높은 수준의 연봉을 받을 수 있다. 게다가 프로게이머들의 수입은 연봉뿐만 아니라 스폰서십이나 대회 상금 등까지 포함되기 때문에 능력에 따라 훨씬 높은 수입을 얻기도 한다.

따라서 부모님 입장에서 자녀가 게임에 소질을 발휘한다면 무조건 부정적 시각으로 볼 것이 아니라 적극적으로 자녀의 꿈을 지원해 줄 필요가 있다. 그것이 자녀의 장래를 위해 더 나은 선택이 될 수 있기 때문이다.

학생 입장에서도 자신이 게임에 소질이 있다고 판단되면 게임 분야를 더욱 파고드는 도전과 경험이 필요하다. 사람의 소질은 한두 군데에서 나타나기 마련인데, 그 소질이 게임 분야에서 발견된 것이기 때문이다. 사람은 자신에게 주어진 소질을 잘 계발해 나갈 때 그 분야에서 인정받고 안정된 직업을 얻을 수 있다. 과거에는 게임 분야가 단지 오락에 그쳤지만, 오늘날에는 세계적으로 인정받는 유망한 직업 분야로 발전해 있기에 얼마든지 프로게이머로서의 꿈을 펼칠 수 있다.

이 책은 프로게이머를 꿈꾸는 학생들을 위해 프로게이머란 직업이 무엇인지, 프로게이머가 되기 위한 과정, 프로게이머의 실제 생활과 활동, 프로게이머의 미래 전망 등에 대해 자세히 소개하고 있다. 이 책과 함께 프로게이머로서의 꿈을 펼치며 그 꿈을 이루길 바란다.

theD 마스터플랜연구소

차례

1장
프로게이머는
어떤 직업이지?

게임은 어떻게
직업이 되는가

과거에 컴퓨터 게임은 단지 여가를 보내거나 오락을 즐기는 대상일 뿐이었다. 또 게임이 직업이 될 것이란 생각은 아무도 하지 못했다. 지금은 어떤가? 컴퓨터 게임은 결국 e스포츠라는 새로운 직업으로 다시 탄생되었다. 도대체 게임은 어떻게 직업으로 재탄생되었을까?

좋아하면 직업이 된다

과거에 게임을 하려면 둘 이상의 사람이 필요했다. 그런데 컴퓨터 게임이 등장하면서 혼자서도 게임을 즐길 수 있는 시대가 왔다. 너도나도 게임을 즐기게 되었으며 게임 인구는 순식간에 늘어났다.

컴퓨터 게임 시대가 되면서 지나치게 게임에 열중하는

청소년들이 늘어나 사회적 문제로까지 커졌다. 그런 가운데 게임중독에 빠진 사람들도 등장했다. 게임중독은 가정과 사회에도 피해를 주기 때문에 게임은 한때 부정적인 것으로 인식되기도 했다.

그렇다면 게임은 무조건 나쁘기만 한 걸까? 게임은 한번 빠져들면 너무 재미있기에 몰두하게 만드는 특징이 있다. 사람은 누구나 스트레스가 있게 마련인데, 이때 뭔가에 몰두하고 즐기며 그것에서 벗어나고 싶어한다. 그런 면에서 게임은 스트레스를 푸는 긍정적 도구로서 좋은 역할을 한다.

사실 게임 때문에 문제를 겪는 사람은 소수이다. 게임을 즐기면서 삶의 활력을 얻는 도구로 활용하며 잘 살아가는 사람이 훨씬 많다. 축구나 농구 등 스포츠를 즐기거나, 등산이나 낚시 등 취미생활을 즐기는 사람도 많다. 이런 분야에도 너무 빠지면 생활에 문제가 생긴다. 하지만 그런 사람보다 즐기면서 긍정적 효과를 얻는 이들이 더 많기 때문에 우리 사회에 레저 스포츠로 자리잡고 있다.

이같은 레저 스포츠를 잘 살펴보면 이미 직업이 된 분야가 많다. 스포츠의 경우 프로축구 선수, 프로농구 선수 등과 같이 프로선수라는 직업이 생겨났으며, 등산과 낚시 등에서도 직업적인 등산가, 낚시꾼이 등장하였다. 세계 최초로 산소통 없이 에베레스트를 등반한 라인홀트 메스너 (Reinhold Messner)는 대표적인 프로 등산가이다. 또 배스 낚시꾼으로 유명한 케빈 반댐(Kevin VanDam)은 대표적인 프로 낚시꾼이다.

레저 스포츠 분야에서 프로 직업인이 탄생할 수 있었던 것은 그것을 즐기는 사람들이 그만큼 많았기 때문이다.

게임이 직업이 되는 과정

컴퓨터 게임 분야에서 직업이 탄생한 것도 레저 스포츠와 같은 원리로 진행되었다. 레저 스포츠 분야와 마찬가지로 컴퓨터 게임 분야에서도 그것을 좋아하는 사람이 워낙 많았기 때문에 자연스럽게 직업으로 재탄생되었다.

게임이 직업이 되는 과정은 스포츠가 직업이 되는 과정과 매우 비슷하다. 스포츠를 즐기는 사람은 많지만, 실력은 천차만별이다. 사람들은 좀 더 높은 경지의 기술을 보고 싶어 하는데, 이로 인해 탄생한 것이 프로스포츠와 높은 기술을 가진 프로선수들이다. 사람들은 기꺼이 프로선수들의 높은 기량을 보기 위해 돈을 지불하고 경기를 보러 간다. 이렇게 하여 프로선수들이 등장하게 되었다.

게임이 직업이 되는 과정도 이와 똑같은 방식으로 나타났다. 게임은 스포츠보다 좀 더 체계적으로 높아지는 단계로 이루어져 있다. 대개의 게임은 1단계를 통과하면 2단계가 나타나고, 2단계를 통과하면 3단계가 나타나는 방식으로 진행된다. 게임을 즐기는 사람들이 많아지면서 높은 수준의 게임 실력에 도달한 사람들이 등장했다. 당연히 이들끼리 실력을 겨루는 대회가 생겨났고, 사람들이 앞다투어 돈을 내고 그 경기를 관람하러 가는 현상이 벌어졌다. 이렇게 하여 게임 분야에도 돈을 벌 수 있는 구조가 생겨났고, 프로게이머라는 직업이 탄생하였다.

만약 게임을 부정적인 시각으로만 바라봤다면, 게임이 직업이 되는 일은 결코 일어나지 않았을 것이다. 하지만 게임 그 자체를 즐기는 사람들이 많았고, 그래서 높은 수준의 게임 기술에까지 도달하는 사람들이 생겨났으며, 그 기술끼리 경쟁하는 모습을 보려는 사람들이 몰려들면서 프로게이머라는 직업이 탄생할 수 있었다.

프로게이머는
어떤 직업이지?

이제 프로게이머란 어떤 직업인지에 대해 알아보자. 프로게이머는 컴퓨터 게임이나 온라인 게임 등을 전문적으로 하면서 수입을 얻는 직업이다. 컴퓨터 게임에는 여러 종류의 게임이 있는데 이때 프로게이머는 여러 종류의 게임을 모두 하는 것이 아니라 전문성을 가지고 특정 게임을 하며 돈을 번다.

프로게이머가 소속되는 구단

프로게이머가 하는 일은 무엇일까? 자신의 게임 실력을 바탕으로 대회에 나가 다른 선수와 게임을 벌이는 일이다. e스포츠 게임은 개인전과 단체적 방식으로 게임이 진행되기 때문에 각 기업들은 마치 프로축구팀이 프로구단을 만들어 운영하는 것처럼 e스포츠 구단을 만들어 운영하고 있다. 이처럼 프로게이머는 프로게임구단에 들어가 직업 선수로 활동할 수 있다. 다른 스포츠 구단과 마찬가지로 연봉 계약을 맺고 프로게이머 선수로 활동한다. 이때 구단에 소속된 프로게이머는 연봉뿐만 아니라 각종 대회에 참가하면서 얻는 상금도 부수입으로 얻을 수 있다.

프로 e스포츠 대회는 게임의 종류별로 프로게임팀이 결성되어 게임을 치르는 방식으로 이루어져 있다. 가장 인기가 높은 '리그 오브 레전드'의 경우 많은 팀이 있는데, 특히 우리나라의 리그 오브 레전드 리그인 'LCK(리그 오브 레전드 챔피언십 코리아)'에 소속된 팀만 10개(2024년 기준)이다. 또 '베틀그라운드'의 경우에도 구단 수가 약 10개 이상으로 알려져 있다.

구단에서 팀으로 활동하는 프로게이머

우리나라에서 프로게이머가 되기 위해서는 프로게임단에 입단해야 한다. 프로게임단에 입단하는 순간부터 프로게이머가 되는 것이다. 프로게이머가 되면 프로게임팀에 소속되는데, 이때 5명 내외로 구성되는 팀에서 훈련받으며 게임대회에 나간다. 게임대회는 주로 프로야구나 프로축구처럼 리그 형식의 정규 시즌 방식으로 진행되기 때문에 장기간 합숙 훈련을 해야 하는 경우도 있다.

한편 프로게이머는 유튜브나 아프리카 TV, 트위치 등에서 개인 게임 방송을 하여 수입을 얻을 수도 있다. 유튜브나 아프리카 TV, 트위치 등에서는 게임 방송이 하나의 콘텐츠로 자리 잡고 있는데, 이로 인해 높은 수익을 얻기도 한다. 뿐만 아니라 프로게이머는 인기에 따라 광고 수입도 얻을 수 있으며, 기업의 후원(스폰서십이라고 함)을 통하여 수입을 얻을 수도 있다

대표적인 개인 게임 방송 스트리머로 타일러 블레빈스가 있다. 그는 한때 프로게이머였으며 '닌자'라는 닉네임으로 인기 게임인 포트나이트 게임 방송을 통하여 자신을 알리기 시작했다. 그가 방송하는 실시간 유튜브 방송에 수백만 명의 시청자가 몰리면서 일약 스타로 올라섰다. 이를 바탕으로 스폰서십 계약과 광고 수익을 통해 엄청난 수익을 올리고 있다.

게임 장르와
6대 전문 프로게임

컴퓨터 게임은 사람들의 인기를 끌면서 다양한 형태로 진화하며 발전했다. 현재까지 개발된 컴퓨터 게임의 종류만 따져도 셀 수 없이 많으며, 장르(부문)로 구분해도 40개 이상으로 분류할 수 있다. 이 가운데 가장 큰 인기를 끌고 있는 게임들 위주로 e스포츠 프로 종목이 만들어져 프로게임이 진행되고 있다.

대표적인 컴퓨터 게임의 장르

컴퓨터 게임은 게임의 형식과 내용에 따라 수십 개의 장르로 나눌 수 있다. 몇 가지 주요 게임의 장르를 소개하면 다음과 같다.

❶ **슈팅 게임(shooting game):** 총을 발사하여 적을 물리치는 방식으로 진행되는 게임이다. 슈팅 게임은 내가 총을 발사하는 형식으로 진행되는 1인칭 슈팅 게임(FPS, first person shooting)과 게임 속 캐릭터가 총을 발사하는 3인칭 슈팅 게임(TPS, Third-Person Shooter)으로 나뉜다. '카운터 스트라이크: 글로벌 오펜시브(CS)'는 대표적 1인칭 슈팅 게임이다.

❷ **액션 게임(action game):** 액션 게임은 캐릭터가 등장하여 다양한 동작으로 격투를 벌이거나 무기를 사용하여 적과 대적하거나 다양한 장애물을 통과하는 게임이다. 총을 발사한다는 점에서 슈팅 게임과 비슷한 요소를 가지고 있으나 등장하는 캐릭터가 다양한 동작을 할 수 있다는 점에서 큰 차이가 있다. '스트리트파이터' 시리즈는 대표적인 액션 게임으로 선풍적인 인기를 얻었다.

❸ **롤플레잉 게임(roleplaying game, RPG):** 롤플레잉 게임은 임무(role)를 수행하는 게임을 뜻하며 줄여서 RPG 게임이라고 부른다. 'Dungeons & Dragons'가 최초의 RPG 게임이다. RPG 게임은 임무를 수행하는 게임이므로 설정된 게임 스토리가 있다. 여기에 기사, 성직자, 도둑, 마법사 등

다양한 캐릭터들이 등장하는데 주인공이 캐릭터들을 데리고 다니면서 주어진 문제를 해결하는 형식의 게임이다.

우리나라에서는 오락실 문화가 사라지고 PC방 시대가 열리면서 MMORPG(다중 RPG 게임) 게임인 리니지가 큰 인기를 끌었는데, MMORPG 게임은 'Massively Multi-player Online Role-Playing Game'의 약자로, 온라인상에서 대규모의 플레이어가 가능한 RPG 게임을 뜻한다. MMORPG 게임은 서로 다른 공간에 있는 개인용 컴퓨터로, 수십에서 수백 명이 함께 게임하는 것이 가능하다.

❹ 시뮬레이션 게임(simulation game): 시뮬레이션의 사전적 뜻은 모의실험(훈련)을 의미한다. 따라서 시뮬레이션 게임은 군대나 전투와 관련된 게임을 뜻한다. 전투의 내용에 따라 전략 시뮬레이션 게임, 비행 시뮬레이션 게임 등으로 나눈다.

전략 시뮬레이션 게임은 게임을 하는 사람이 지휘관이 되어 전투를 수행하는데, 특히 실시간으로 진행되는 전략 시뮬레이션 게임을 RTS 게임(Real-Time Strategy, 실시간 전략 게임)이라고 부른다. 우리나라 PC방에서 선풍적인 인기를 끌면서 e스포츠 탄생에도 기여했던 스타크래프트가 바로 대표적인 RTS 게임이다.

비행 시뮬레이션 게임은 일반 비행기나 전투기를 조종하는 게임으로 실제 존재했던 비행기가 등장하기 때문에 현실적 느낌을 강하게 주는 장점이 있다.

❺ **레이싱 게임(racing game):** 레이싱 게임은 주로 자동차, 오토바이, 보트, 경마 등으로 목표를 향해 달리는 게임이다. 대표적 레이싱 게임으로 카트라이더가 있다.

❻ **스포츠 게임(sports game):** 스포츠 게임은 현실의 스포츠를 바탕으로 만들어진 게임이다. 피파온라인은 인기를 끈 대표적 스포츠 게임이다.

프로게임의 6대 전문 종목들

수많은 컴퓨터 게임 중에서 가장 대중적으로 인기를 끈 종목을 중심으로 게임대회가 열리기 시작하였다. 여기에 사람들의 관심이 폭발했고 드디어 e스포츠가 탄생하기에 이르렀다. 현재 전 세계적으로 개최되고 있는 e스포츠 종목 중 프로 종목은 다음 6개 분야이다. 이 6개 분야는 전 세계적으로 큰 팬층을 가지고 있는데, 특히 MOBA와 FPS가 e스포츠 프로 종목에서 가장 인기가 높다.

❶ MOBA(Multiplayer Online Battle Arena)

MOBA 게임은 선택한 캐릭터가 정해진 하나의 맵에서 여러 아이템을 갖춰 나가면서 영웅을 강화시켜 상대방 진영을 파괴하는 내용의 게임 장르이다. 큰 틀에서 봤을 때 RPG 게임에 RTS 게임이 결합된 방식이다. 다음 두 종목에서 대회가 열리고 있다.

• 리그 오브 레전드(League of Legends, LOL)
• 도타 2(Dota 2)

❷ FPS(First-Person Shooter)

1인칭 슈팅 게임(FPS, first person shooting)인 FPS 게임은 게임을 하는 주인공이 총을 발사하는 형식으로 진행된다. 다음 세 종목에서 대회가 열리고 있다.

• 카운터 스트라이크: 글로벌 오펜시브(Counter-Strike: Global Offensive, CS)
• 오버워치(Overwatch)
• 발로란트(Valorant)

❸ 배틀로얄(Battle Royale)

배틀로얄 게임은 넓은 맵에서 많은 플레이어들이 한 사람 혹은 한 팀만 살아남을 때까지 싸워 승자를 가린다. 프로레슬링에서 힌트를 얻어 만들어진 게임 방식이다. 다음 세 종목에서 대회가 열리고 있다.

- 포트나이트(Fortnite)
- 플레이어언노운스 배틀그라운드(PUBG)
- 에이펙스 레전드(Apex Legends)

❹ 격투 게임(Fighting Games)

1대1 또는 팀 간의 격투로 상대방을 쓰러뜨리는 게임이다. 다음 세 종목에서 대회가 열리고 있다.

- 스트리트 파이터(Street Fighter)
- 철권(Tekken)
- 슈퍼 스매시 브라더스(Super Smash Bros.)

❺ 스포츠 시뮬레이션(Sports Simulation)

축구와 농구 분야에서 실제 스포츠 경기가 열리는 것처럼 진행되는 게임이다. 다음 두 종목에서 대회가 열리고 있다.

- FIFA 시리즈
- NBA 2K 시리즈

❻ 카드 게임(Digital Card Games)

디지털 카드 게임은 카드 게임이 디지털 방식으로 진행

되며, 다음 두 종목에서 대회가 열리고 있다.

- 하스스톤(Hearthstone)

- 매직더개더링아레나(Magic: The Gathering Arena)

우리나라 e스포츠 종목 선정 방법

우리나라에서는 해마다 e스포츠 종목을 선정하여 발표하는 형식으로 e스포츠 종목을 관리하고 있다. 이때 e스포츠의 종목 선정을 담당하는 기관이 한국e스포츠협회이다.

e스포츠 종목은 크게 정식종목과 시범종목으로 나눈다. 정식종목이란 우리나라에서 정식 e스포츠로 인정하는 종목이고, 시범종목이란 정식종목이 되기 위해 아직 지켜보는 종목이다.

정식종목은 다시 전문 종목과 일반 종목으로 나눈다. 이것은 프로와 아마추어 정도의 차이라고 보면 된다. 즉 전문 종목은 프로게이머들이 참여할 수 있을 정도로 활성화되어 있는 종목을 뜻하며, 일반 종목은 말 그대로 아직 프로게이머가 참여하기에는 부족하나 발전 가능성이 있는 종목을 뜻한다.

우리나라에서는 해마다 한국e스포츠협회에서 이러한 종목을 선정한다. 2024에는 정식종목 8개, 전략 종목 2개, 시범종목 1개를 발표하였다.

▶ **전문 종목 6개**: 리그 오브 레전드 / 배틀그라운드 / 배틀그라운

드 모바일 / FC 온라인 / 카트라이더: 드리프트 / 발로란트

▶ **일반 종목 2개**: 스타크래프트2 / 이터널리턴

▶ **전략 종목 2개**: 도타2 / 스트리트파이터6

▶ **시범 종목 1개**: FC모바일

프로게이머는
어떻게 탄생하게 되었을까?

우리나라에서 최초로 프로게이머라는 직업이 탄생한 것
은 2000년경이다. 프로게이머라는 직업이 생긴 지 20여 년
이 넘었다. 프로게이머는 어떻게 등장하게 되었을까?

스타크래프트의 폭발적인 인기

우리나라에서 본격적으로 개인용 컴퓨터가 가정에서 사
용되기 시작한 것은 1990년대 들어서면서부터다. 가정에
개인용 컴퓨터가 보급되면서 인기를 끌게 된 것이 바로 컴
퓨터 게임이다. 하지만 1990년대는 개인용 컴퓨터의 보급
이 본격적으로 이루어지지 않던 시기였고 또 컴퓨터 게임
을 하기 위해서는 높은 사양의 컴퓨터가 필요했기 때문에
가정에서 컴퓨터 게임을 하기에는 어려움이 있었다.

이때 등장한 것이 바로 PC방이다. PC방 이전에는 오락실 게임이 있었으나 개인용 컴퓨터가 등장하면서 게임의 중심이 컴퓨터로 옮겨가기 시작했다. 이런 환경 속에서 PC방에 가면 컴퓨터 게임을 마음껏 즐길 수 있었기 때문에 PC방은 선풍적인 인기를 끌며 순식간에 전국적으로 번져 갔다.

당시 PC방 인기를 이끌었던 것은 바로 인기 게임의 등장이었다. 사람들이 오직 인기 게임은 하기 위해 PC방에 갔기 때문이다. 1997년에는 워크래프트2가 등장하여 PC방에서 인기를 이끌었다. 그리고 1998년에는 스타크래프트와 리니지라는 쌍두마차의 등장으로 전국이 PC방 열기로 물들었다.

스타크래프트의 등장은 프로게이머라는 직업의 탄생에 결정적 역할을 했다는 점에서 의미가 있다. 앞에서도 이야기했듯이 스타크래프트는 전략 시뮬레이션 게임으로 각 컴퓨터 간에 인터넷 대결을 지원하는 게임이다. 이를 바탕으로 PC방이나 게임 제작사에서는 상금을 걸고 스타크래프트 대회를 개최하기 시작했다. 스타크래프트에 자신 있는 많은 사람이 대회에 참가했고 이를 통하여 상금을 버는 스타크래프트 게이머들이 조금씩 늘어나기 시작했다.

프로게이머의 등장

1999년『PC PLAYER』3월호에 신주영이란 사람이 자신의 직업을 프로게이머라고 소개했다. 아마도 이것이 우리나라에서 최초로 '프로게이머'라는 말이 등장한 순간일 거라고 추측된다. 신주영 프로게이머는 처음에 오락실에서 개최하는 게임 대회에서 돈을 벌기 시작했다. 그리고 각종 게임제작사 주최의 게임대회나 PC방 게임대회, 그리고 미국의 프로게임 리그에 소속되며 우승상금 등으로 돈을 벌었다고 말했다.

이후 프로게이머는 직업으로서 본격적인 모습을 갖추기 시작했다. 게임대회를 처음으로 방송에서 중계했는데, 이때 처음으로 게임대회에 참가하는 프로게이머들에게 '선수'라는 호칭이 붙여졌다. 게임방송의 등장은 프로게이머에 관한 관심을 폭발시켰으며 스타 프로게이머들을 탄생시켰다.

이처럼 프로게임을 탄생시키고 발전시키는 데 결정적 역할을 한 것이 바로 스타크래프트 게임이었다. 즉 스타크래프트 게임 하나로 프로게임이 등장했고, 스타 프로게이머도 탄생했다. 스타크래프트는 2000년대 초까지 사실상 유일한 프로게임이었다.

처음에 프로게이머들은 개인으로 활동하다가 '길드'라는

동호회를 구성하여 단체로 발전하였다. 길드의 인기와 영향력이 점점 커지자 이들과 계약을 맺는 기업이 등장하였고, 이를 바탕으로 프로게임단이 만들어지기에 이르렀다. 프로게이머가 비로소 프로선수라는 직업인으로 설 수 있는 바탕이 만들어졌다.

프로게임단이 몇 개 더 만들어지면서 드디어 스타크래프트 프로리그가 생겨났다. 2003년 게임 전문 채널인 '온게임넷'에서 이 스타크래프트 프로리그를 방송으로 내보내면서 그 인기가 더욱 높아졌고, 이에 따라 프로게임단들도 더 많이 생겨났다.

이후 e스포츠 프로게임은 더욱 발전하여 스타크래프트뿐만 아니라 임진록, 스타크래프트2, 리그 오브 레전드, 던전앤파이터 등 다른 종목까지 생기면서 발전을 거듭하게 되었다.

스타 프로게이머들의
화려한 등장

예체능 분야에서 새로운 직업이 만들어지기 위해 꼭 필요한 것 중 하나가 바로 스타의 탄생이다. 대중들은 스타에게 열광하는 본능이 있기에 스타가 등장하면 그곳으로 몰리는데, 이때 자연스럽게 돈도 따르게 된다. e스포츠 분야역시 스타 프로게이머의 등장이 직업으로 자리를 잡는 데큰 역할을 하였다.

스타 프로게이머 등장에 큰 역할을 한 방송

1990년대 후반부터 2000년대 초반까지 우리나라에서스타크래프트 게임이 선풍적인 인기를 끌면서 국민적인 게임으로 자리 잡게 되었다. 스타크래프트 게임은 1998년 미국의 게임 회사인 블리자드에서 개발한 실시간 전략게임으로 우리나라뿐만 아니라 전 세계적으로 큰 인기를 끌었다.

스타크래프트가 국민 게임으로 자리 잡는 데 결정적 역할을 한 것이 바로 PC방 문화였다. PC방에서 많은 사람이 함께 플레이하고 관전할 수 있는 환경을 제공했기 때문이다.

컴퓨터 게임은 이렇게 직업이 탄생할 수 있는 환경이 무르익은 가운데 있었다. 이 정도 인기를 끌게 되면 자연히 방송이 따라붙게 마련이다. 게임 방송이 만들어지면서 차츰 스타크래프트 경기가 방송으로 중계되었고, 이 가운데 인기를 얻는 프로게이머가 등장했다. 그동안 방송은 인기 가수와 인기 배우, 인기 개그맨 등 수많은 스타를 배출하는 데 결정적 역할을 해왔다. 인기 프로게이머의 등장도 방송이 결정적 역할을 했다.

스타 프로게이머의 등장

프로게임의 초기에 인기가 있던 게임은 스타크래프트이다. 초창기 스타크래프트 대회에서 이미 전설적인 스타가 탄생했는데, 그가 바로 임요환이다. 그는 2001년 많은 대회의 우승을 거머쥐며 얼굴을 알렸고 이후 스타크래프트의 '황제'로 불리며 독보적인 스타로 올라섰다. 이후에도 이윤열과 이영호 등 전설적인 플레이어들이 등장하며 스타 프로게이머의 인기를 이끌었다.

스타 프로게이머들의 등장은 당시에 널리 퍼져 있던 게임에 대한 부정적 인식을 바꾸는 데 큰 역할을 하였다. 과거에는 게임에 대한 부정적 인식 때문에 게임을 직업으로 삼는 것을 좋지 않은 시각으로 바라보는 사람들이 많았다. 하지만 스타 프로게이머들이 인기를 끌고 많은 돈을 버는 모습을 보면서, 프로게이머에 대한 인식이 조금씩 바뀌었다. 나아가 e스포츠가 우리 사회에서 하나의 분야로 자리 잡으면서 프로게이머라는 직업은 이제 사회적으로도 인정받고 있다.

e스포츠가 만들어지는 데 결정적 역할을 한 것도 바로 스타 프로게이머들의 등장이다. 이들의 인기는 e스포츠 산업의 성장을 이끌었고, e스포츠 리그가 활성화되는 데에도 큰 영향을 미쳤다. 놀라운 사실은 이러한 일이 다른 선진국보다 우리나라에서 주도적으로 일어나게 되었다는 사실이다. 이 때문에 현재 우리나라는 세계적인 e스포츠 강국이 되었다.

1세대 최고 스타, 임요한

임요환 선수는 최초의 톱스타 프로게이머로서, 오늘날 e스포츠 탄생에 큰 역할을 했다고 볼 수 있다. 임요환이라는 톱스타가 있었기에 이후 프로게임으로의 발전이 이어질 수 있었기 때문이다.

임요환 선수는 어렸을 때부터 오락실에 들락거리다가 부모님께 잡혀 오는 일이 잦았을 정도로 게임에 관심이 많았다. 그러다 고3 때 친구 집에서 알게 된 스타크래프트에 빠져들면서 대학 입시까지 포기하며 그 게임에 매진하였다.

이후 처음으로 국내 스타크래프트 대회에 참가했지만 본선 1차전에서 탈락하는 아픔을 맛보기도 했다. 하지만 포기하지 않고 더욱 실력을 쌓아나가던 중 1999년 프로게이머로 영입되어 본격적인 프로게이머 생활을 시작했다.

임요환은 1999년 프로게이머로서 처음 참가한 SBS 멀티 게임 챔피언십에서 우승을 차지하며 이름이 알려지기 시작했다. 이듬해인 2000년에도 크고 작은 리그에서 우승을 거머쥐며 두각을 나타냈다. 2001년에 이르러서는 게임큐 스타리그 우승, 한빛소프트배 온게임넷 스타리그 우승, 코카콜라배 온게임넷 스타리그 우승, 2001 WCG 우승 등 대부분의 메이저대회를 휩쓸면서 '테란(스타크래프트의 종족 중 하나)의 황제'라는 별명까지 얻으며 프로게이머 1인자가 되었다.

이후 임요환은 자신의 인기를 바탕으로 PC방 행사 등 각종 행사에 참석하고 TV 프로그램과 게임 관련 방송에도 자주 등장하면서 게임업계 최고의 스타가 되었다. 각종 게임 상금과 프로구단에서 받는 연봉, 그리고 게임 관련 광고뿐만 아니라, 대중적인 브랜드의 광고모델로도 활동하면서 막대한 수입을 올렸다.

전성기 시절 임요환의 연 수입은 대략 10억 원 이상으로 추정되는데 당시 기준으로 볼 때 매우 높은 수준이다. 임요환은 사람들에게 게임으로 성공할 수 있다는 것을 보여 줌으로써 게임에 대한 사회적 인식을 바꾸는 데에도 크게 이바지하였다.

2장

프로게임의 역사와
게임 시장의 현황

컴퓨터 게임의
역사

처음 개인용 컴퓨터가 나왔을 때 컴퓨터 게임은 매우 단순한 구조였다. 예를 들면 네트를 사이에 두고 양쪽에서 공을 치는 전자 게임 '테니스 포 투', 상대편 우주선에 미사일을 맞추는 컴퓨터 게임 '스페이스 워'가 있다. 이러한 컴퓨터 게임은 단지 개인용 컴퓨터에 장식품처럼 들어 있어 무료로 이용할 수 있었다. 이후, 게임이 상업용 게임으로 발전하였고 지금은 화려한 그래픽으로 마치 현실처럼 게임을 즐기는 수준까지 성장하였다.

최초의 상업용 비디오 게임
최초의 상업용 게임은 개인용 컴퓨터 게임이 아닌 오락실에서 할 수 있는 비디오 게임 형식으로 출시되었다. 따라서 당시에 사람들이 게임을 하려면 오락실로 가야 했다. 당시 우리나라 오락실에서 유행했던 비디오 게임은 갤러그, 너구리, 버블보블, 테트리스, 1942 등이었다. 이런 비디오 게임이 인기를 끌면서 1980년대까지 동네마다 오락실이 다 있을 정도로 최고의 전성기를 누렸다.

이 시기에 가정용 비디오 게임도 인기를 끌었는데, 닌텐도가 대표적이다. 당시 닌텐도는 가격이 비쌌음에도 불구하고 아이들이 있는 가정은 하나씩 가지려 할 정도로 큰 성공을 거두었다.

컴퓨터 게임과 모바일 게임

1980년대 중반부터는 상업용 컴퓨터 게임이 등장했으나, 본격적으로 인기를 끌기 시작한 것은 각 가정에 개인용 컴퓨터가 보급되기 시작한 1990년대부터였다. 컴퓨터 게임은 비디오 게임보다 더욱 현실감 있는 그래픽 기술로 몰입감을 더해줬기 때문에 단숨에 사람들의 관심을 끌기에 충분했다.

1990년대 후반에는 스타크래프트, 디아블로, 워크래프트 등과 같은 전략 게임과 RPG 게임이 큰 인기를 끌면서 전 세계적인 팬층을 형성했다. 이로써 게임의 중심이 비디오 게임에서 컴퓨터 게임으로 넘어오게 되었다.

2000년대에는 월드오브워크래프트, 리니지와 같은 MMORPG 게임이 엄청난 인기를 끌었으며, 이후에는 콜오브듀티, 헤일로와 같은 1인칭 슈팅게임(FPS)들이 크게 성공을 거두었다.

2010년대에 들어와서는 또다시 변화가 일어났다. 급속한 스마트폰의 보급으로 게임의 중심이 개인용 컴퓨터에서 모바일로 옮겨졌기 때문이다. 이때부터 모바일 게임 시장이 폭발적으로 성장하면서 앵그리버드, 클래시오브클랜, 포켓몬 GO와 같은 게임들이 전 세계적으로 큰 인기를 끌었다.

2020년대에 들어서는 포트나이트, 배틀그라운드와 같은 배틀로얄 장르의 게임이 인기를 끌고 있다. 특히 4차 산업 혁명 기술과 함께 등장한 클라우드 게임, 가상 현실(VR) 및 증강 현실(AR) 게임이 날로 발전하고 있다.

게임대회,
e스포츠의 역사

오늘날 스포츠는 거대 산업으로 발전해 있다. 전 세계 스포츠 시장 규모는 100조 원 시대를 열었다고 평가될 만큼 엄청난 규모로 성장해가고 있다. 이처럼 스포츠가 거대 산업으로 발전하는 데 가장 큰 역할을 한 것이 바로 스포츠 대회이다.

초기 비디오 게임대회

전 세계에서 가장 인기 있는 스포츠대회가 바로 월드컵이다. 월드컵 대회 하나만으로 40조 원이 움직인다고 할 만큼 월드컵은 선풍적인 인기를 끌고 있다. 전 세계 모든 축구 선수는 월드컵 대회에 출전하는 것이 최고의 꿈이다. 월드컵은 축구가 오늘날처럼 거대 스포츠 산업으로 발전하는 데 가장 큰 역할을 했다.

게임도 마찬가지다. 게임 산업이 발전하는 데 결정적 영향을 미친 것도 게임대회이다. 게임대회를 통하여 스타가 배출되고, 대중들도 게임에 열광하는 계기가 되었기 때문이다.

게임대회는 비디오 게임부터 시작되었다. 최초의 게임대회는 1972년 스탠퍼드 대학교에서 열린 스페이스워 대회라고 기록되어 있다. 이때 우승자는 소박하게 잡지 구독권을 상품으로 받았다고 한다. 대규모로 열린 최초의 비디오 게임대회는 1980년에 열린 아타리 챔피언십으로 약 1만 명 이상의 참가자가 몰렸다.

1990년에는 닌텐도의 주최로 닌텐도 월드챔피언십이 열렸다. 미국 전역에서 예선전이 열릴 정도로 당시 가장 큰 규모로 열린 대회였다. 이때 겨룬 비디오 게임의 종류는 슈퍼 마리오, 테트리스 등이었다.

e스포츠를 탄생시킨 컴퓨터 게임대회

1990년대 중반부터 게임의 중심이 컴퓨터 게임으로 옮겨지면서 컴퓨터 게임을 기반으로 하는 대회가 열리기 시작했다. 여러 사람이 한 장소에 모여 게임을 즐기는 파티 형식이나 이벤트 형식의 1인칭 슈팅게임(FPS)이 이 컴퓨터 게임대회의 시작이라고 볼 수 있다.

　이후 미국에서 본격적으로 게임리그가 만들어지면서 직업적 성격(프로)의 게임대회가 열리기 시작했다. 1997년 미국에서 세계 최초의 게임리그인 PGL(Professional Gamers League)이 결성되었고 그해 9월에 '스타크래프트'로 첫 대회를 열었다. 프로 형식으로 최초의 게임대회가 열린 곳은 미국이었다.

　뒤이어 같은 해에 뉴월드닷컴(newworld.com)이란 기업에 의해 CPL(Cyber athletic Professional League)이라는 게임리그가 만들어졌다. PGL과 CPL 게임리그의 탄생이 e스포츠의 시작이라고 보면 1997년이 e스포츠가 시작된 해라고 할 수 있다.

　우리나라에서는 1998년부터 PC방을 중심으로 한 '스타크래프트' 대회들이 본격적으로 열리기 시작했다. 그리고 1999년에 국내 첫 '스타크래프트' 프로리그인 KPGL(Korea Professional Gamers League) 게임리그가 탄생하기에 이른다. 즉 우리나라에서 e스포츠가 시작된 것은 1999년부터라고 볼 수 있다.

　2003년에는 프랑스에서 일렉트로닉 스포츠 월드컵 대회(Electronic Sports World Cup, ESWC)가 열렸는데, 마치 올림픽처럼 다양한 게임을 종목으로 게임대회가 열려 세계적으로 주목을 받았다.

2011년에는 미국에서 '리그 오브 레전드 월드 챔피언십 (LoL Worlds)' 대회가 열렸는데, 이 대회가 큰 인기를 끌면서 e스포츠가 전 세계적으로 확산되는 데 크게 이바지했다. 한편 2011년에 열린 도타 2 챔피언십 e스포츠 대회인 The International 게임대회는 사상 최대 상금 규모를 자랑하며 큰 화제를 무았다. 대회 우승자에게 100만 틸러의 상금을 주었는데, 이는 당시 게임대회 역사상 최고 금액이었다.

우리나라 프로게임의 역사

우리나라에서 프로게임이 발전하는 데 결정적 역할을 한 것은 각종 게임대회와 '온게임넷', '엠비시게임' 등 게임 전문 방송사들의 등장 때문이었다. 이들 게임 방송사는 스타크래프트 게임대회를 텔레비전으로 중계하기 시작했는데, 이것이 우리나라 e스포츠가 대중화되는 데 매우 중요한 역할을 했다.

우리나라의 e스포츠를 이끈 각종 게임대회

우리나라는 1998년부터 PC방을 중심으로 '스타크래프트' 대회들이 본격적으로 열리기 시작했다. 그리고 1999년 우리나라 첫 프로대회인 KPGL(Korea Professional Gamers League)가 열리면서 큰 인기를 끌었다. 이를 바탕으로 게임 방송사 중심의 대회가 열리기 시작했는데, 1999년 시작된 온게임넷 스타리그(OGN StarLeague)가 대표적이다. 온게임넷 스타리그는 우리나라의 e스포츠를 탄생시킨 상징적인 대회 중 하나로, 수많은 스타 선수를 배출하고 수백만 명의 팬들이 시청하는 대형 이벤트로 자리 잡았다. 이와 경쟁적으로 시작된 대회가 엠비시게임 스타리그(MBC Game Star League)이다. 두 리그는 서로 경쟁적으로 성장하며 우리나라의 e스포츠 발전을 이끌었다.

e스포츠 발전에 고무되어 한국프로게임협회(KPGA)가 세워졌다. 이와 함께 2001년 본격적인 '스타크래프트 프로리그'가 시작되었다. 정부의 정식 허가를 받은 협회가 등장해 프로게임리그를 주관한 것은 전 세계에서 우리나라가 처음이다. 이때 임요환, 홍진호 등 스타 프로게이머들이 등장해 e스포츠의 발전을 이끌었다. 특히 2004년 대회는 부산 광안리에서 열렸는데, 당시 스타리그 결승전이 열린 광안리에 10만 관중이 모여 사회적 이슈가 되었다.

다양한 게임대회로 발전

스타크래프트로 시작된 e스포츠는 다양한 게임 장르로 확대되기 시작했다. 2005년에는 축구 게임인 '피파 온라인' 게임대회가 열려 인기를 끌었으며, 2012년부터는 '리그 오브 레전드(LoL)'가 한국에서 큰 인기를 끌면서 리그 오브 레전드 챔피언스코리아(LCK) 대회가 열렸다. 오늘날 LCK는 세계적으로도 가장 경쟁력 있는 리그 오브 레전드 리그 중 하나로 자리 잡고 있다. 우리나라는 세계적인 LoL 월드 챔피언십 대회에서 여러 차례 우승하면서 e스포츠 강국으로 떠오르고 있다.

최근에는 모바일 게임이 인기를 끌면서 '펍지 모바일(PUBG Mobile)', '카트라이더 러쉬플러스(KartRider Rush+)'와 같은 모바일 게임대회가 e스포츠 대회의 주요 종목으로 자리 잡고 있다.

우리나라에서 열리는 주요 e스포츠 대회

현재(2025년 기준) 우리나라에서 열리고 있는 주요 e스포츠 대회를 소개하면 다음과 같다.

❶ **리그 오브 레전드 챔피언스코리아(LCK)**: LCK는 우리나라에서 열리는 리그 오브 레전드의 최고 대회로 전 세계적으로도 가장 수준 높은 대회로 인정받고 있다.

❷ **LoL 와일드 리프트 e스포츠 대회**: LoL 와일드 리프트는 LoL의 모바일 버전으로 개발된 게임이다. 프로게이머

들이 와일드 리프트로 대거 전향해 활동하면서 LoL 와일드 리프트 e스포츠대회가 개최되고 있다.

❸ **PUBG 코리아리그(PKL):** PUBG 코리아리그는 배틀그라운드를 기반으로 한 우리나라 최고 수준의 리그이다.

❹ **카트라이더 리그(KartRider League):** 카트라이더 리그는 2005년부터 시작되어 계속 이어져 온 우리나라에서 가장 오래된 e스포츠 대회 중 하나이다. PC뿐만 아니라 모바일로도 대회가 진행되는 것이 특징이다.

❺ **발로란트 챔피언스투어 코리아(VCT KR):** 발로란트 챔피언스투어 코리아는 전략 슈팅 게임인 발로란트를 주종목으로 하는 대회이다. VCT KR에서 우수한 성적을 거두면 글로벌 대회에 나갈 자격이 주어진다.

❻ **오버워치 컨텐더스코리아(Overwatch Contenders Korea):** 오버워치 컨텐더스코리아는 오버워치 리그의 하위 리그이다. 여기에서 좋은 성적을 거두면 글로벌 오버워치 대회나 오버워치 리그에 진출할 기회를 얻는다.

❼ **피파온라인4 챔피언스컵(FIFA Online 4 Champions Cup):** 피파온라인4 챔피언스컵은 우리나라 최고의 피파온라인 대회이다.

❽ **철권 월드투어코리아(Tekken World Tour Korea):** 우리나라에서 오랜 역사를 자랑하는 대전 격투 게임인 철권을 주 종목으로 열리는 대회이다.

❾ **스타크래프트II GSL(Global StarCraft II League):** GSL은 e스포츠의 부흥을 이끈 스타크래프트 대회가 이어져 스타크래프트II를 종목으로 열리는 대회이다. GSL에서 우수한 성적을 거둔 선수들은 글로벌 대회에 출전할 자격을 얻을 수 있다.

e스포츠의 발전과
세계적 e스포츠 대회

현재 e스포츠는 발전을 거듭하여 올림픽 정식종목으로 거론될 만큼 성장하고 있다. 2024년 파리올림픽에서 정식종목으로 채택될 것이라는 기대가 있었으나, 그러지 못했다. 하지만 국제올림픽위원회(IOC)는 e스포츠의 가능성을 인정하여 '올림픽 e스포츠 게임'을 창설하기에 이르렀다.

제1회 올림픽 e스포츠 게임은 2025년 사우디아라비아에서 개최될 예정이다. 한편, 2022 항저우 아시안게임에서는 e스포츠가 정식종목으로 채택되었다. 프로팀 소속 선수들로 구성된 우리나라 e스포츠 대표팀은 리그 오브 레전드 분야에서 금메달을 차지했다.

e스포츠의 발전 상황

e스포츠는 어떻게 하여 아시안게임에서 정식종목으로 채택되고 올림픽에서도 정식종목으로 거론될 만큼 성장하게 되었을까?

e스포츠의 발전을 이끈 것은 각종 게임대회가 인기를 얻었기 때문이다. 그런 가운데 e스포츠가 더욱 주목받게 된 사건이 있었으니 바로 2020년부터 세계를 덮친 코로나19 사태이다. 코로나19로 사람들은 모여서 활동할 수 없게 되었고, 기존에 진행되던 각종 스포츠 리그가 중단되기에 이르렀다. 하지만 e스포츠는 온라인으로도 진행이 가능하기에 원래 오프라인으로 진행하던 게임대회를 온라인으로 전환시켜 계속 진행할 수 있었다. 이 시기에 e스포츠는 디지털 파워를 자랑하며 더욱 성장했다.

e스포츠가 성장한 또 하나의 이유는 스마트폰의 보급 때문이다. 스마트폰은 등장하자마자 전 세계인의 마음을 사로잡았고, 지금은 누구나 스마트폰을 휴대하고 다니는 시대가 되었다. 게임도 스마트폰으로 하는 시대가 열렸으며 이로 인해 모바일 게임이 전 세계적으로 인기를 끌게 되었다. 각종 모바일 게임대회도 열렸고, 모바일 게임대회와 더불어 e스포츠 대회도 급성장했다.

e스포츠는 이러한 시대적 배경을 바탕으로 올림픽 정식

종목으로 거론될 만큼 성장해 왔다. 물론 e스포츠는 몸을 움직이는 스포츠가 아니기에 대중에게 스포츠라는 인식이 부족한 편이다. 2024년 파리올림픽 정식종목에 채택되지 못한 이유도 이 때문이었다. 하지만 최근에 등장하고 있는 가상 현실(VR)이나 증강 현실(AR), 메타버스 기술이 e스포츠에 도입되면서, 상황이 변하고 있다. 몸을 사용하는 e스포츠도 얼마든지 가능하기 때문이다.

무엇보다 e스포츠는 이미 여러 국가에서 정식 스포츠로 인정받고 있다. 나아가 e스포츠 선수들은 프로스포츠 선수처럼 훈련받으면서 그들과 비슷하게 생활하고 있다. 따라서 e스포츠는 앞으로 스포츠와 올림픽의 한 분야로 자리매김할 것이 거의 확실시되고 있다.

세계적인 e스포츠 대회

e스포츠는 이미 세계적 인기를 끌고 있으며, 매년 수많은 팬과 선수들이 참여하는 대규모 대회가 열리고 있다. 이러한 대회들은 막대한 상금을 걸고 최고의 선수들이 모여 경쟁하는 대회로 성장하고 있다. 세계적으로 열리고 있는 대표적 e스포츠 대회는 다음과 같다.

❶ 리그 오브 레전드 월드챔피언십(LoL World Championship): 리그 오브 레전드 월드챔피언십은 매년 10월에 개최되는 리그 오브 레전드의 세계 챔피언을 가리는 대회이다. 매년 다르지만 대략 200만 달러 이상의 상금이 걸려 있다.

❷ 더인터내셔널(The International): 더인터내셔널은 도타2를 종목으로 하는 세계대회로, 상금 규모가 가장 큰 e스포츠 대회로 유명하다. 총상금이 무려 4천만 달러 이상이다.

❸ 포트나이트 월드컵(Fortnite World Cup): 포트나이트 월드컵은 매년 3인칭 슈팅 게임인 포트나이트를 주종목으로 열리는 세계대회이다. 이 대회 역시 상금 3천만 달러 (2019년 기준) 내외로 높은 편이고, 참가자 수와 관객 규모 면에서도 매우 큰 대회이다.

❹ 콜오브듀티 리그 챔피언십(Call of Duty League Championship): 콜오브듀티 리그 챔피언십은 1인칭 슈팅 게임인 콜오브듀티를 종목으로 열리는 세계대회이다. 콜오브듀티 리그 챔피언십의 총상금은 500만 달러 이상이다.

❺ 오버워치 리그(Overwatch League, OWL): 오버워

치 리그는 1인칭 슈팅게임인 오버워치를 종목으로 하는 세계대회이다. 게임은 마치 월드컵처럼 전 세계 도시를 대표하는 팀들이 모여 게임을 치른다. 오버워치 리그는 기존의 스포츠 리그 구조를 도입하여 인기를 끌고 있으며 총상금은 500만 달러 이상이다.

❻ PUBG 글로벌 챔피언십(PUBG Global Championship): PUBG 글로벌 챔피언십은 다중 슈팅 게임인 배틀그라운드의 세계대회이다. 매년 전 세계에서 가장 뛰어난 배틀그라운드 팀들이 모여 최종 우승을 겨루며, 총상금은 200만 달러 이상이다.

❼ 스타크래프트II 월드챔피언십시리즈(StarCraft II WCS): 스타크래프트II 월드챔피언십시리즈는 전 세계 최고의 스타크래프트II 선수들이 경쟁하는 대회이다. 총상금은 150만 달러 이상이다.

❽ 에볼루션 챔피언십시리즈(EVO): EVO는 격투 게임 종목을 중심으로 하는 세계 최대의 격투 게임대회이다. 게임 종목으로는 스트리트파이터, 철권, 모탈 컴뱃, 슈퍼 스매시 브라더스 등이 있다.

세계가 열광하는
스타 프로게이머

스포츠가 인기를 끌면 당연히 나타나는 현상이 스타 선수의 탄생이다. e스포츠도 인기를 끌면서 스타 선수들이 등장하였다. 특히 우리나라는 e스포츠 강국으로 떠오르면서 수많은 스타 프로게이머를 탄생시켰다. 뿐만 아니라 전 세계에도 수많은 스타 프로게이머가 등장하면서 e스포츠의 인기를 이끌고 있다.

우리나라의 프로게이머들

우리나라는 e스포츠 탄생에 커다란 역할을 한 국가답게 e스포츠의 여러 분야에서 세계적인 프로게이머를 여럿 배출하였다. 그중 대표적인 선수들을 소개하면 다음과 같다. 단, 사람에 따라 보는 시각이 다를 수 있고 주관적 견해가 있음을 알아 두자.

❶ **페이커(Faker, 이상혁):** 페이커는 이상혁 선수의 닉네임이다. 이상혁 선수는 여러 차례 세계 챔피언십에서 우승한 경력을 바탕으로 리그 오브 레전드(이하 LOL) 역사상 가장 성공적인 선수로 평가받고 있다. LOL 분야에서는 'LOL의 마이클 조던'이라고 불릴 정도로 세계적으로도 인정받는다.

❷ **이영호(Flash):** 이영호 선수는 '스타크래프트: 브루드 워' 분야에서 최고의 프로게이머로 손꼽히는 선수이다. 역대 전적이 505승 202패로 승률 71.4%를 기록했는데, 이는 역대 통산 승률 1위에 해당된다.

❸ **문성원(Mvp):** 문성원 선수는 스타크래프트2 대회의 초기에 가장 성공한 선수 중 하나로 평가받는다. 국내 최고의 스타크래프트2 대회인 GSL에서 총 4번 우승했다.

❹ **장재호(Moon):** 장재호 선수는 워크래프트3 종목에서 역대 최고의 프로게이머로 평가받는다. 워크래프트3 프로리그가 시작할 때부터 20년이 넘게 최정상의 자리에

있었다.

세계적인 스타 프로게이머들

❶ **알렉산드르 코스틸리예프(s1mple):** 우크라이나 국적. CS(카운터 스트라이크-글로벌 오펜시브) 분야에서 가장 뛰어난 플레이어로 꼽히며 2021년 메이저대회 우승자이다. 2021년 게임 매체 '덱세르토' 미국판에서 우리나라 이상혁 선수와 함께 e스포츠 세계 3대 아이콘으로 선정되었다.

❷ **마르셀로 다비드(Coldzera):** 브라질 국적. CS(카운터 스트라이크-글로벌 오펜시브) 분야에서 2년 연속 올해의 선수(HLTV 선정)로 선정된 대표적인 슈퍼스타이다.

❸ **요한 선드스테인(N0tail):** 덴마크 국적. 도타2 분야 역사상 가장 성공한 선수 중 하나이다. 세계에서 가장 많은 상금을 획득한 e-스포츠 선수로 뽑혔다(2021년 기준). 당시 요한 선드스테인이 획득한 총상금은 696만 9,737달러(약 76억 9,110만 원)이었다. 세계 최고를 가리는 더인터네셔널대회에서 여러 번 우승을 차지했으며, 4개의 메이저대회에서 우승한 기록이 있는 전설적인 선수다.

❹ **카일 져스도르프(Bugha):** 미국 국적. 2019년 16세의 나이에 포트나이트 월드컵 솔로 부문에서 우승하며 약 300만 달러의 상금을 받아 세계적인 스타로 등극한 선수이다. 포트나이트 역사상 가장 상징적인 선수 중 한 명으로 꼽히고 있다.

❺ **타일러 블레빈스(Ninja):** 미국 국적. 닌자라는 닉네임으로 유명한 타일러 블레빈스는 포트나이트가 전 세계적으로 인기를 끌기 시작했을 때부터 이 게임의 대표적인 프로게이머로 급부상했다. 이후 닌자는 트위치와 유튜브에서 크게 성공을 거둔 프로게이머로 더 유명해졌다.

프로게임 시장의
현재 모습

　우리나라에서 프로게임이 가장 큰 인기를 끈 것은 2004
년 광안리 대첩 때였다. 당시 스카이 프로리그 2004 1라운
드 결승전이 한빛 스타즈 VS SKT T1 경기로 치러졌는데
그때 입장한 관객 수가 무려 10만여 명이었다. 같은 날 사
직 야구장에서 열린 프로야구 올스타전에 입장한 관객 수
가 약 1만 5천 명이었다고 하니, 어느 정도로 인기가 있었
는지 짐작할 수 있다.

광안리 대첩 이후 프로게임의 인기

　단일 경기에 10만 명의 관중이 입장한 경기는 우리나라
에서 전무후무한 기록이다. 그래서 2004년 광안리에서 벌
어진 경기에 '광안리 대첩'이라는 별칭이 붙게 된 것이다.

일단 10만 명이 동시에 들어갈 수 있는 경기장조차 드물다. 그 정도로 2000년대 초반 프로게임의 인기는 하늘 높은 줄 모르고 치솟았다.

프로게임은 이러한 인기를 바탕으로 해마다 광안리에서 스카이 프로리그 결승전 경기가 열렸다. 2005년 벌어진 광안리 대첩에서 주최 측은 12만 명의 관객이 몰렸다고 발표했는데, 현장에 실제 참가한 관객은 2004년에 비해 훨씬 적었다. 이후 해마다 광안리 대첩이 계속되었지만 관객 수는 점점 줄어들었다. 5차 광안리 대첩이었던 2008년 경기에서는 약 3만 명(주최 측 추산)의 관중이 경기를 지켜봤다.

프로게임의 관중이 점점 줄어든 이유는 '스타크래프트'의 인기가 시든 것과 관련이 있다. 전국적 열풍을 몰고 왔던 스타크래프트를 대체할 만한 게임이 나타나지 않았기 때문에 일어난 현상이었다. 이후 '스타크래프트2'가 나왔지만 이전의 인기를 회복하지 못한 상태로 e스포츠의 인기도 서서히 식어갔다.

하지만 2000년대에 PC방과 개인용 컴퓨터 중심으로 번져나간 게임의 인기는 게임 시장을 주도할 만큼 식을 줄 몰랐다. 당시 게임 시장의 규모는 모든 엔터테인먼트 사업에서 1위를 차지할 정도로 대단했다. 당시 게임 업계의 쌍두마차 기업이 엔씨소프트와 넥슨이었는데, 놀랍게도 한때 넥슨의 김정주 대표와 엔씨소프트의 김택진 대표 두 사람이 우리나라 부자 순위 10위에 들어갈 정도였다.

e스포츠의 인기를 이어갈 게임의 등장

새로운 인기 게임을 원하고 있던 게임 시장에 또 다른 슈퍼 게임이 등장했다. 바로 롤(LOL)이다. 롤은 리그 오브 레전드 게임의 줄임말이다. 롤은 e스포츠 인기가 조금씩 시들고 있던 2011년 말 우리나라에 소개된 이후 엄청난 인기를 끌며 단숨에 우리나라를 대표하는 국민 게임으로 올라섰다. 한 게임이 얼마간 인기를 끄는 것은 가능하지만 장기간 인기를 끄는 것은 쉽지 않다. 그런데 롤은 등장한 지 10년이 훨씬 지난 현재까지도 최고의 자리를 차지하고 있다.

한편 롤과 함께 오버워치, 배틀그라운드 등처럼 인기 게임들이 우후죽순으로 등장하여 게임 시장의 성장을 이끌었다.

또한, 2010년대에 e스포츠 시장에 커다란 변화를 준 사건이 있는데, 바로 스마트폰 열풍이었다. 그때부터 컴퓨터 게임보다 스마트폰 게임 쪽으로 중심이 이동하는 현상이 일어났다. 사람들이 너도나도 모바일 게임(스마트폰 게임)을 즐기자 초창기에는 컴퓨터 게임 시장에 침체가 올 정도로 타격이 컸다. 하지만 지금은 어느 정도 질서가 잡혀 모바일 게임 시장과 컴퓨터 게임 시장이 균형을 이루고 있다.

우리나라 e스포츠 시장 현황과 규모

우리나라 e스포츠가 태어났을 당시인 2000년대 게임 시장의 규모는 약 3조 원 수준이었다. 그러던 게임 시장이 해마다 성장을 거듭하여 약 22조 원(2022년 기준) 규모로 커졌다. 중간중간 위기가 온 적도 있지만 전체적으로는 성장하고 있다.

안타까운 것은 2023년 우리나라의 게임 시장 규모가 19조 원 정도로 줄어들었다는 사실이다. 게임 시장 규모가 줄어든 것은 2013년에 전년 대비 0.3% 줄어든 이후 10년 만에 처음이다. 더욱이 2013년에는 0.3% 줄어든 것이라 전년도와 비교해 변화가 거의 없었으나, 이번에는 전년 대비 무려 10.9%나 줄어든 것이어서 원인 분석이 필요한 상황이다.

국내 게임시장 전체 규모 및 성장률(2013~2022)   (단위: 억 원, %)

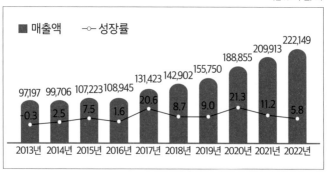

출처: 한국콘텐츠진흥원 제공

한국콘텐츠진흥원에 따르면, 코로나19가 해제되면서 재택근무가 줄어든 것을 한 원인으로 꼽았다. 또한 사람들의 관심이 넷플릭스 등과 같은 온라인 동영상 서비스(OTT)에 몰린 것도 또 다른 원인이라고 내다봤다.

우리나라 사람 중 게임을 이용하는 비율은 어느 정도일까? 만 10~65세 1만 명을 대상으로 한 조사에서 2023년 기준 게임 이용률은 62.9%였다. 10명 중 6명 정도는 게임을 한다는 뜻이다. 하지만 2022년 게임 이용률이 74.4%이므로 2023년의 게임 이용률은 전년 대비 무려 11.5%나 줄어든 수치다. 게임 이용률이 무려 10% 이상 줄어든 것은 2023년 시장 규모가 10.9%나 줄어든 것과 직접적으로 연관되어 있음을 알 수 있다.

우리나라 게임 시장 중 가장 큰 매출(2022년 기준)을 일으킨 곳은 모바일(스마트폰) 게임으로 13조 720억 원으로 나타났다. 다음으로는 PC 게임이 5조 8,053억 원을 기록했다. 게임장이나 가정용 비디오 게임 등은 1조 1,196억 원으로 가장 낮은 수치를 기록했다. 우리나라 게임 시장을 크게 보면 모바일 게임과 PC 게임으로 나눌 수 있는데, 전문가들은 앞으로 PC 게임은 현상 유지할 가능성이 높고, 모바일 게임은 더욱 성장할 거라고 전망하고 있다.

게임별 시장점유율은 어떨까? '엔미디어플랫폼'에서는

매일 게임 정보를 제공하고 있는데, 전체 게임별 시장점유율은 다음과 같다. 리그 오브 레전드가 압도적 점유율을 차지하고 있다.

게임별 시장점유율(2024년 9월 기준)

순위	게임	게임사	점유율
1	리그 오브 레전드	라이엇게임즈	38.77%
2	FC 온라인	넥슨	8.68%
3	배틀그라운드	카카오/스팀	7.73%
4	발로란트	라이엇게임즈	7.37%
5	로스트아크	스마일게이트	7.18%
6	서든어택	넥슨	6.4%
7	오버워치 2	블리자드	4.57%
8	메이플스토리	넥슨	2.59%
9	스타크래프트 리마스터	블리자드	2.19%
10	월드 오브 워크래프트	블리자드	1.24%

모바일인덱스에서 제공하는 모바일 게임 인기 순위는 다음과 같다.

모바일 게임 인기(2024년 8월 기준)

순위	앱명	게임사
1	리니지M	엔씨소프트
2	라스트 워: 서바이벌	퍼스트 펀
3	로드나인	스마일게이트
4	WOS: 화이트아웃 서바이벌	센추리게임즈

전 세계 e스포츠 시장 현황과 규모

전 세계 게임 시장의 규모는 어느 정도 될까? 발표 업체에 따라 약간의 차이가 있지만 데이터 및 분석 플랫폼 기업인 data.ai(구 앱애니)가 제공하는 '2023년 게임 스포트라이트'를 중심으로 살펴보자.

전 세계 게임 시장 규모(2023년 기준)는 약 1,940억 달러(약 258조 원)인 것으로 나타났다. 이 중에서 모바일 게임이 약 1,080억 달러로 56%의 비중을 차지하며 가장 높았다. 다음이 콘솔 게임(가정용·휴대용 비디오 게임)으로 약 460억 달러로 24%의 비중을 차지하며 2위를 기록했다. 다음이 PC/Mac 게임으로 약 400억 달러를 기록하며 21%의 비중으로 3위를 차지했다.

위 사실에서 알 수 있는 것은 외국에서는 우리나라에 비해 콘솔 게임(가정용·휴대용 비디오 게임)의 비중이 높다는 점이다. 반면 우리나라는 전 세계적으로도 컴퓨터 보급률이 높으므로 상대적으로 PC 게임의 비중이 더 높은 것으로 해석된다.

모바일 게임이 전체 매출에서 가장 높은 비중을 차지하는 것은 전 세계 시장도 우리나라와 다르지 않음을 알 수 있다. 그런데도 세계 시장에서 모바일 게임 매출이 56%로 압도적인 것은 중국의 영향을 무시할 수 없다. 그동안 중국 내에서는 청소년의 모바일 사용을 제한했는데, 최근 제한을 많이 풀었기 때문이다.

전 세계 모바일 시장에서 가장 많은 매출을 올린 게임 순위는 다음과 같다.

매출이 높은 게임 순위(2023년 기준)

순위	게임 순위
1	왕자영요(중국, MOBA-액션, 텐센트)
2	캔디 크러시 사가(영국)
3	로블록스(미국, 시뮬레이션 크리에이티드 샌드박스)
4	코인 마스터(이스라엘, 운 겨루기-파티)
5	원신 임팩트(중국, RPG-오픈 월드)

전 세계 게임 시장에서 우리나라가 차지하는 비중은 어느 정도 될까? 한국콘텐츠진흥원에 따르면, 2022년 기준 전 세계 게임 시장(약 2천82억 달러, 약 272조 원 규모)에서 우리나라의 점유율은 약 7.8%이다. 게임 강국인 우리나라가 전 세계 시장 점유율이 낮다고 생각할 수 있으나, 이는 미국(22.8%), 중국(22.4%), 일본(9.6%)에 이은 4위에 해당하는 수치이다. 전 세계 4위이지만 생각보다 낮은 수치인 것은 분명하다. 우리나라에서 전 세계를 장악할 수 있는 인기 게임이 나오고, e스포츠 분야에서 세계적 인기스타 프로게이머가 나온다면 앞으로 더 큰 성장을 내다볼 수 있을 거라 생각한다.

리그 오브 레전드 스타, 이상혁

스타크래프트 시대의 최고 스타가 임요환 선수라면, 리그 오브 레전드(LoL) 시대 최고의 스타는 단연 이상혁 선수이다. 오죽하면 '게임계의 마이클 조던'이라는 별칭이 붙여졌을 정도겠는가. 페이커라는 닉네임으로 더 유명한 이상혁 선수가 그동안 쌓은 우승 경력만 봐도 그가 왜 게임계의 마이클 조던으로 불리며 세계적인 프로게이머로 인정받는지 알 수 있다.

먼저 그의 화려한 수상 경력을 살펴보자. 이상혁 선수는 월즈(LoL 월드 챔피언십) 우승 4회, MSI 우승 2회, LCK 우승 10회, Esports World Cup 우승 1회, IEM 우승 1회, 리프트 라이벌즈 우승 1회, 리그 오브 레전드 올스타전 우승 5회, NLB 우승 1회, 아시안게임에서는 금메달을 차지했다.

다음은 이상혁 선수가 MVP로 선정된 기록이다.

Worlds MVP 1회, MSI MVP 1회, LCK 통합 MVP 2회, LCK 포스트시즌 MVP 1회, Esports World Cup MVP 1회

이상혁 선수는 고등학교를 중퇴하고 2013년 17세의 나이로 프로게이머로 데뷔하였다. 그리고 앞에서 소개한 기록을 꾸준히 달성해냈다. 이상혁 선수의 놀라운 점은 많은 프로게이머들이 일찍 은퇴하거나, 나이가 들수록 실력이 뒤처지는 반면, 무려 10여 년 이상 정상급 기량을 유지하며 활동했다는 사실이다.

데뷔 후 9년이 지난 2022년에는 항저우 아시안게임 국가대표로 선발되어 금메달을 목에 걸었다. 이상혁 선수가 오랜 시간 최고의 자리를 차지할 수 있었던 것은 늘 꾸준히 연습하고, 팀 우선의 겸손함을 유지한 덕분이라고 평가받고 있다. 아울러 그는 롤 게임을 세계 시장에서 대중화하는 데 크게 기여했다.

3장
프로게이머가
되기까지

게임만 즐기는
직업이 아니다

좋아하는 게임을 직업으로 삼을 수 있다면 그보다 더 좋은 일이 있을까? 그런 직업이 있으니 바로 프로게이머다. 그러나 게임을 좋아한다고 모두가 프로게이머가 될 수는 없다. 당연한 말이지만 게임을 잘해야 프로게이머가 될 수 있다.

게임을 즐기기만 하는 직업이 아니다

과거에는 자기가 좋아하는 일을 직업으로 삼기보다 직업으로 삼고 싶은 일의 실력을 쌓아 직업을 갖는 경우가 대부분이었다. 하지만 시대가 변하면서 자기가 좋아하는 일을 직업으로 삼는 것이 중요한 시대가 되고 있다. 자신이 좋아하는 일을 직업으로 삼으면 그 일을 즐기면서 할 수 있기 때문에 아무래도 행복의 질이 올라간다. 만약 이 글을 읽는 여러분이 게임을 좋아하는데 게임을 직업으로 삼을 수 있다면 이보다 좋은 일은 없을 것이다.

하지만 어떤 직업을 갖기 위해 좋아하는 마음보다 더 중요한 조건이 있다. 그것은 그 직업에서 요구하는 일을 잘 해낼 수 있느냐 하는 부분이다. 그 직업에서 요구하는 일을 잘 해낼 수 있어야 그 직업에 종사할 수 있다. 그 일을 좋아하는지는 그다음 문제이다.

프로게이머도 마찬가지다. 프로게이머가 좋아하는 게임을 실컷 하니 부럽다고 여길 수도 있지만, 그 세계는 겉으로 보는 것보다 훨씬 더 치열한 세계이다. 게임 실력이 월등하지 않으면 일단 프로게이머로 살아가기 어렵다. 따라서 프로게이머가 되고자 한다면 먼저 자신이 하고자 하는 게임의 실력을 키우는 것이 최우선이 되어야 한다. 많은 청소년들이 자기 실력을 모르는 채 좋아하는 마음만 가지고 프로게이머가 되고 싶어 한다.

게임을 좋아하는지 알아보는 방법

자신이 좋아하는 일을 직업으로 삼고자 할 때 그 일을 정말로 좋아하는지 살펴볼 필요가 있다. 왜냐하면 그 일을 좋아하는 줄 알았는데 직업으로 임했을 때 그렇지 않을 수도 있기 때문이다. 다음 예를 살펴보자.

어떤 학생이 정말 게임이 좋아서 PC방이나 집에서 게임만 하였다. 그러던 어느 날 PC방에서 게임대회가 열린다는 소식을 듣고 무려 한달 동안 열심히 연습하여 게임대회에 참석하였다. 그런데 예상과 달리 게임대회에서 최하위 성적을 거두면서 이 학생은 자신에게 크게 실망했다. 이후로 이상한 일이 일어났다. 그동안 그토록 좋아했던 게임이 점점 싫어지는 것이다.

이러한 현상은 비단 게임 분야뿐만 아니라 다른 분야에서도 일어난다. 물론 모든 사람에게 이런 일이 일어나는 것은 아니다. 특히 그 일을 진심으로 좋아하지 않은 사람에게 종종 일어난다. 만약 그 일을 정말 좋아했다면 이 반대의 현상이 일어난다. 예를 들어 게임을 정말 좋아했던 사람이 게임대회에서 좋지 않은 성적을 거두었다면 원인을 찾으며 더 열심히 연습할 것이다.

이같이 가정해 보고 우리는 자신이 게임을 정말 좋아하는지, 아니면 일시적으로 좋아하는 것인지 구분할 수 있다. 게임을 밤낮 없이 했는데도 불구하고 게임을 더 잘하고 싶어서 공부하는 태도로 임한다면 게임을 정말 좋아하는 것이 맞다. 만약 게임을 일시적으로만 좋아했다면 결과에 따라 게임이 싫어지고 그런 마음이 지속될 것이다. 마치 맛있는 음식을 너무 자주 먹었더니 더는 그 음식을 먹고 싶지 않은 것과 비슷한 현상이다.

또 친구들과의 경쟁이나 게임대회에서 낮은 성적을 거두었을 때 포기하고 싶은 마음보다 다시 도전하고 싶은 마음이 생긴다면 그 게임을 정말 좋아하는 것이 맞다고 볼 수 있다. 만약 그 반대의 현상이 나타난다면 게임을 좋아하지만 자신의 삶을 이어갈 직업까지는 아닐 수도 있다. 따라서 프로게이머를 직업으로 삼고자 한다면 자신이 정말 게임을 좋아하는지 깊이 생각해 보자.

계속 즐기면서 할 수 있는 것은 아니다

게임을 좋아하는데 게임의 실력까지 갖췄다면 좋아하는 게임을 하면서 직업까지 갖는 꿈만 같은 일이 벌어질 수 있다. 자신이 좋아하는 일로 돈도 벌 수 있으니 이보다 괜찮은 직업은 없을 것이다.

여기에서도 꼭 알아야 할 것이 하나 있다. 아무리 자신이 좋아하는 일을 직업으로 삼았다 하더라도 그 일이 직업이 되면 평소 취미생활로 즐기면서 할 때와는 큰 차이가 느껴진다는 사실이다.

먼저 취미생활로 게임을 할 때는 자신에게 주어지는 아무런 책임이나 제한이 없으므로 게임을 즐기기만 하면 된다. 취미란 내가 좋아서 즐기기 위해 하는 것을 뜻하기 때문이다. 이 때문에 설사 취미생활로 게임 대결을 벌이더라도 큰 스트레스를 받지 않는다. 그리고 부담이 되거나 그 일이 싫어지면 언제든지 하지 않아도 된다.

그러나 프로게이머라는 직업인으로서 게임을 할 때는 상황이 완전히 다르다. 프로게이머가 직업인으로서 하는 게임은 반드시 이겨야 하는 책임감이 따른다. 게임에서 이기기 위해서는 엄청나게 연습해야 하고, 몸과 정신 건강을 관리하는 일에도 꾸준히 힘써야 한다.

이런 환경 속에서 하는 게임이 마냥 즐겁고 재미있기만 할 수는 없다. 아무리 자신이 좋아하는 게임이라도 무거운 책임감과 긴장 속에서 게임을 치러야 하기 때문이다. 너무 힘들어서 쉬고 싶은데 제대로 쉬지 못하는 경우도 있다. 이것이 직업으로 하는 게임과 취미로 하는 게임의 근본적인 차이이다.

게임을 직업으로 삼고자 한다면 이런 상황에서도 뚫고 나갈 생각과 마음이 있어야 한다.

프로게이머의
자질은 무엇일까?

프로게이머가 되기 위해서는 어떤 소질이나 자질이 필요할까? 남들보다 게임을 잘한다면 프로게이머가 될 수 있을 거라 생각하지만 그렇지 않다. 게임을 잘하는 실력으로 프로게이머가 될 수는 있지만 인정받는 프로게이머가 될 수는 없다. 인정받는 좋은 프로게이머가 되지 못하면 설사 프로게이머가 되었다 하더라도 그 직업을 오래 지속할 수 없다는 문제에 부딪친다.

프로게이머가 되기 위한 기본 능력

프로게이머가 되고자 한다면 자신이 하고자 하는 게임을 남들보다 뛰어나게 잘하는 실력이 있어야 한다. 이것은 프로게이머가 되기 위한 기본 사항이다. 게임을 잘하기 위해서는 빠른 반응 속도와 정확한 손동작이 매우 중요하다. 시시각각 게임에서 벌어지는 상황에 대하여 즉각적으로 반응하기 위해 높은 수준의 반응 속도가 필요하고, 빠르게 대응하기 위해 정밀한 손 조작이 매우 중요하다.

게임 실력을 높이기 위해서는 게임의 룰과 게임의 주류가 되는 플레이 상황(게임용어로 '메타'라고 함)에 대한 이해도가 높아야 한다. 또 순간순간 벌어지는 상황에 맞는 전략을 구사할 수 있는 능력이 필요하다. 이를 전략적 사고라고 한다. 게임 능력을 키우고자 한다면 게임에 대한 이해도와 전략적 사고력을 키우는 것이 필수이다.

게임의 실력을 높이기 위해 또 하나 중요한 것은 학습 능력이다. IT에 속하는 게임은 다른 분야보다 더 빠르게 변화하는 환경에 놓여 있다. 자고 일어나면 새로운 버전이 나타나고 새로운 방식이 등장한다. 이러한 변화에 빠르게 적응하고 실력을 발전시키기 위해서는 새로운 정보와 기술을 빠르게 학습할 수 있는 능력이 매우 중요하다.

또 좋은 프로게이머가 되기 위해서는 자기 관리 능력이 중요하다. 게임이 이루어지는 시간에 맞춰 최상의 컨디션을 유지해야 하므로 규칙적인 생활과 건강 관리가 필수이다. 이를 위해 규칙적이고 충분한 수면, 영양 섭취, 운동 등으로 몸 관리가 필요하며 명상이나 신앙생활 등으로 정신

관리도 필요하다.

프로게이머가 되기 위한 자질

자질이란 타고난 성품이나 소질을 뜻한다. 프로게이머가 되기 위해서는 어느 정도 타고난 성품과 소질이 있어야 한다. 그러나 타고난 자질이 부족해도 노력에 의해 개발될 수 있음도 잊지 말자. 자질이 필요한 이유는 타고난 성품과 소질이 실력에도 반영되어 나타나기 때문이다. 뿐만 아니라 팀 게임에서 이루어지는 인간관계, 그리고 팬이나 언론과의 관계에도 영향을 미치기 때문이다.

좋은 프로게이머가 되기 위해 가장 먼저 요구되는 자질은 바로 끈기와 인내력, 그리고 집중력이다.

프로게이머의 생활은 훈련과 게임 분석, 그리고 실전 게임 등이 반복해서 이어진다. 이때 훈련이 매우 길고 지루할 수 있는데 이를 이겨낼 끈기와 인내심이 없다면 중도에 포기할 확률이 높다. 또한 실전 게임에서 장시간 이어지는 고도의 집중력이 필요하기 때문에 집중력이 뛰어날수록 유리한 고지를 점령하게 된다.

뛰어난 프로게이머가 되기 위해 다음으로 요구되는 자질은 경쟁심과 승부욕이다. 이러한 경쟁심과 승부욕은 어느 정도 타고 나는 부분이 있기에 자질에 해당한다. 승부의 세계에서는 결국 경쟁심과 승부욕이 뛰어난 사람이 더욱 노력하게 되고 더 나은 실력을 향해 가기 때문에 승부에서 이길 확률이 높다.

좋은 프로게이머가 되기 위해 꼭 필요한 자질은 원활한 인간관계 능력이다. 프로게임 생활은 팀 게임으로 이루어지기 때문에 혼자만 잘해서는 이길 수가 없다. 그러므로 매사에 팀원들과 원활히 소통하며 협력할 수 있는 능력이 매우 중요하다. 또 팀원과의 관계가 틀어지면 그 자체로 승부에 큰 영향을 미치기 때문에 원활한 인간관계 능력은 더욱 중요하다. 뿐만 아니라 프로게이머는 관객과 팬의 응원으로 이어가는 직업이기 때문에 팬과 언론과의 관계도 매우 중요하다. 인간관계 능력은 이때에도 중요하게 작용할 수밖에 없다.

한편, 프로게이머는 경기 내용에 대해 많은 스트레스와 압박감을 받는다. 경기에서 실수하거나 패배하면 자신감이 떨어지거나 좌절감 등을 느낄 수밖에 없다. 이때 멘탈이 무너지면 선수 생활을 지속하기 힘들 수도 있다. 따라서 어려운 상황을 극복하고 다시 일어설 수 있는 멘탈 관리 능력이 지속적인 선수 생활을 위해 무엇보다 중요하다.

지금까지 이야기한 끈기, 인내력, 집중력, 경쟁심, 승부욕, 인간관계 능력, 멘탈 등은 타고난 성품과 함께 자라면서 경험하는 환경적인 요인 등이 더해져서 생기는 자질이라고 할 수 있다. 만약 이런 자질을 타고났다면 프로게이머가 되기 위해 커다란 강점으로 작용할 수 있다. 만약 자신에게 타고난 자질이 부족하다고 판단되면 지속적인 훈련과 경험으로 그것을 발전시키기 위해 노력해야 할 것이다.

프로게이머가
되기 위한 준비 과정

프로게이머가 되고자 하는 꿈을 꾸었다면 이제 그 꿈을 이루기 위해 노력해야 한다. 만약 프로게이머가 되고자 하는 마음이 생겼다면 어떤 준비부터 해야 할까?

올바른 동기가 중요하다

어떤 직업을 갖고자 할 때 가장 먼저 점검해야 하는 것은 자신이 왜 이 직업을 갖고자 하는지 올바른 동기를 찾는 것이다. 올바른 동기가 중요한 이유는 이 동기에 따라 직업의 지속성이 결정되기 때문이다. 예를 들어 돈 버는 것을 목적으로 삼았는데, 실제로 생각보다 돈을 많이 벌지 못하면 쉽게 포기할 가능성이 높아진다. 하지만 그 직업을 통하여 자신의 발전을 꾀하고 또 삶의 보람을 찾는 것이 목적이었을 때는 그 직업을 지속할 가능성이 높아진다.

프로게이머가 되고자 하는 것도 마찬가지다. 프로게이머가 되고자 하는 동기가 단지 돈 많이 벌고 성공하는 데만 있다면 이는 자기중심적 동기이기 때문에 장애물이 나타나면 포기할 가능성이 높아진다. 왜냐하면 직업이란 상대의 필요를 채워 주고 이익을 얻는 구조로 되어 있으므로 이기적 동기보다는 이타적 동기를 가졌을 때 직업에서 성공할 확률이 높기 때문이다. 그런데 자기중심적 동기를 가지면 그것이 이루어지지 않았을 때 쉽게 포기하므로 직업을 지속하기 어렵다.

반면 프로게이머라는 직업인으로서 성장하여 많은 사람에게 좋은 영향을 주는 데 동기를 둔다면 웬만한 장애물이 오더라도 이겨낼 힘을 얻는다.

자신에게 맞는 게임 선택하기

프로게이머가 되고자 할 때 처음 결정해야 하는 것이 게임 종목이다. 프로게이머는 대개 한 종목이나 한두 종목에서 활약하기 때문에 게임 선택이 무엇보다 중요하다.

게임 선택이 중요한 이유는 게임의 종목에 따라 이후 활동에 큰 차이를 보이기 때문이다. 예를 들어 리그 오브 레전드, 도타 2, 카운터 스트라이크: 글로벌 오펜시브

(CS:GO)와 같이 장수하는 인기 게임을 선택할 경우 크게 성공할 수도 있으나 치열한 경쟁을 뚫어야 하는 벽을 넘어야 한다. 반면 지금은 인기가 없지만 앞으로 가능성이 있는 게임 종목을 예상하여 선택한다면 당장은 게임 시장의 기반이 약하기 때문에 어려움을 겪을 수 있으나 후에 그 게임이 인기를 끌 경우 성공 가능성이 높아진다.

어떤 게임 종목이든 수명이 영원한 게임은 없다. 롤과 같은 슈퍼 인기 게임이라면 10년 이상 갈 수도 있겠지만 대부분의 게임 수명은 몇 년에 그치는 경우가 많다. 따라서 미래를 내다보고 게임 종목을 선택하는 안목을 길러야 한다.

하나의 게임에 완전히 매료된 경우가 아니라면 처음부터 특정 게임을 선택하기보다 몇 가지 게임을 시도해 보는 것도 좋은 방법이 될 수 있다. 여러 게임을 하다 보면 정말 내가 잘할 수 있고 마음에 와닿는 게임을 찾을 수 있기 때문이다.

게임 커뮤니티에 가입하기

프로게이머가 되고자 할 때 가장 먼저 드는 생각이 게임학과가 없을까 하는 생각일 것이다. 물론 우리나라도 대학에 게임학과가 있다. 그런데 게임학과는 게임 개발이나 게임 회사에서 일하기 위한 학문을 배우는 곳이다. 또 e스포츠 학과가 있으나 이 또한 프로게이머를 양성하는 교육보다 e스포츠 관련 산업에서 일하는 사람을 교육하기 위한 학과이다.

우리나라에서 프로게이머가 되는 데 학력이나 나이 제한은 없다. 우리나라에서 프로게이머가 되기 위해서는 프로게임단에 입단하는 것이 가장 일반적인 코스이다. 프로게임단에 입단하기 위해서는 e-스포츠협회에서 주관하는 공인대회에서 입상하거나 주요 대회에서 좋은 성적을 거두어야 한다. 그래야 프로게임단의 주목을 받을 수 있기 때문이다. 프로게임단에서 모집하는 인원은 한정되어 있기 때문에 중요한 대회에서 지속적으로 좋은 성적을 거둬야 한다.

결국 프로게이머가 되기 위해서는 e-스포츠 공인대회에서 입상해야 한다. 이를 위해서는 평소에 열심히 연습하여 실력을 키워야 하는데 이때 혼자서 실력을 키우고 꿈을 이뤄내는 것은 쉽지 않다. 프로게임의 시스템에는 혼자서는 해결되지 않는 게임 문화나 특별한 분위기가 있기 때문이다. 이를 위해 프로게이머가 되고자 하는 사람들은 대개 게임 커뮤니티에 가입하여 활동한다.

게임 커뮤니티에서 활동한다는 것은 자신과 같은 꿈을 가진 여러 사람과 교류함을 뜻한다. 이들과 게임을 하기도 하고 프로게임이나 게임대회에 대한 정보도 얻으며 자신의 게임 경력을 쌓아나갈 수 있다.

이와 같은 커뮤니티에는 어떻게 접근할 수 있을까? 인터넷에 자신이 원하는 게임 종목 커뮤니티를 검색하면 각종 커뮤니티가 있다. 이 중에서 자신에게 맞는 커뮤니티에 가입하여 사람들과 교류하기 시작하면 커뮤니티 그룹에서 활동할 수 있다. 커뮤니티 활동은 프로게이머로서 꿈을 키우는 강력한 동기 부여가 될 수 있으므로 꼭 가입하여 활동해 보자.

실력을 키우기 위한 과정

프로게이머가 되기 위해 가장 중요한 것은 결국 상위 랭크에 오르도록 실력을 키우는 일이다. 상위 랭크에 오르지 못하면 실력자가 우글거리는 프로게임 분야에 들어가는 것은 꿈도 꿀 수 없기 때문이다.

게임 실력을 키우기 위해 하루 몇 시간씩 집중해서 게임 훈련을 하는 것은 필수이다. 이때 반드시 체크해야 할 것이 있다. 바로 올바른 장비를 갖추는 일이다. 만약 자신이 사용하고 있는 컴퓨터에 게임을 하기 위한 최적의 장비가 갖추어져 있지 않다면 이는 실력을 향상시키는 데 방해 요소로 작동할 수 있다. 게임을 할 만한 사양의 컴퓨터, 게임용 마우스와 키보드 사용은 필수다. 여기에 자신에게 맞는 옵

션을 선택하여 장비를 갖출 수 있다면 가장 좋다.

장비에 관한 지식이 부족하다면 먼저 게임용 주변 장치에 관한 정보를 얻는 것이 우선이다. 이러한 장비는 게임력에 큰 영향을 미치기 때문에 많은 프로게이머가 실전 게임에서 평소에 자신이 사용하는 마우스와 키보드를 사용한다.

올바른 장비를 갖추었다면 이제 피나는 연습과 훈련을 통하여 실력을 키우는 일에 매진해야 한다. 먼저 실력을 키우기 위해 내 몸이 기억할 때까지 완전한 게임의 기술을 익히기 위해 노력하는 것이 중요하다. 결국 게임의 실력은 디테일한 기술에서 차이가 나게 마련이기 때문이다.

예를 들어 1인칭 슈팅 게임에서 목표물을 정확히 겨냥하는 기술은 중요하다. 또 리그 오브 레전드와 같은 MOBA 게임에서는 마지막 타격 기술이 매우 중요하다. 이러한 세부 기술을 내 몸이 기억할 정도로 익혀 놓으면 상대를 이기는 결정적 요인으로 작동할 수 있다.

실력을 키우기 위해 또 하나 중요한 것은 게임 전략을 잘 세우는 능력을 키우는 일이다. 대부분의 프로게임에는 복잡한 전략이 숨어 있게 마련이다. 이러한 전략은 초보자의 눈에는 잘 보이지 않기 때문에 최고 선수들의 플레이에서 힌트를 얻고 배워야 한다. 전략 능력을 키우기 위해서는 게임을 하는 것보다 여러 게임을 전체적으로 보는 것이 중요하다. 이렇게 하여 전략 능력이 향상되면 드디어 게임을 어떻게 해야 잘할 수 있는지 보이기 시작한다.

실력을 키우기 위해 마지막으로 중요한 것은 피드백이다. 만약 자신이 게임에서 졌다면 좋지 않은 감정에서 빨리 빠져 나와 왜 졌는지 피드백하는 과정이 꼭 필요하다. 그래야 자신의 문제점을 알 수 있고, 그것을 고쳐야 다음 단계의 실력으로 나아갈 수 있기 때문이다.

상위 랭크에 오르도록 노력하기

어느 정도 실력을 갖추었다면 이제 대전 랭킹을 올리는 작업에 들어가야 한다. e스포츠에 해당하는 각 게임 종목에는 경기 레벨을 기준으로 나눈 계층 구조가 존재한다. 이 계층 구조에서 상위 랭크에 올라야 자신의 실력을 인정받을 수 있다.

이를 위해 가장 먼저 해야 할 일은 자신이 원하는 게임 종목에서 새로운 플레이어로 등록하는 일이다. 각 종목에는 새로운 플레이어가 참여할 수 있는 자체 시스템이 있다.

다음으로 상위 랭크에 오르기 위한 첫 단계로 공용 게임에서 주최하는 매치메이킹에 참여해 보자. 공용 게임에서 매치메이킹이란 자동으로 그룹을 매칭해 같은 게임 겨루기에 참가할 수 있는 시스템을 말한다. 여기에서 좋은 성적을 거두면 게임 리그나 토너먼트로 발전해 나갈 수 있다. 이런 과정은 게임 종목마다 조금씩 다를 수 있으니 자신이 속한 게임의 랭크 시스템을 잘 파악해야 한다.

　이러한 시스템에서 랭크 순위가 올라가면 조금씩 인기를 얻는다. 이 단계까지 오르면 대개 아마추어 게임팀에 속하여 활동하거나 자신이 속한 게임 커뮤니티에서 주목 받는 위치로 올라가게 된다. 이 정도 상황이 되면 이제 프로게이머가 되는 길에 매우 가까이 갔다고 볼 수 있다.

프로게이머
양성 교육기관

    과거에는 프로게이머를 키워내는 교육기관이 따로 없었다. 프로게이머란 직업이 생겨난 지 오래되지 않았기 때문이다. 따라서 불과 얼마 전까지만 하더라도 프로게이머가 되기 위해서는 스스로 알아서 해야 하는 상황이었다. 하지만 게임이 e스포츠로 인정받고 게임에 대한 부정적 인식이 약해지면서 프로게이머를 키워내는 교육기관이 등장하기 시작하였다.

e스포츠 아카데미
    프로게임이 인기를 끌고 e스포츠로까지 인정받으면서 이제 프로게이머는 인기 있는 사회적 직업으로 떠오르게 되었다. 이에 프로게이머를 양성하기 위한 전문 학원이 생겼는데 이를 e스포츠 아카데미라고 한다. e스포츠 아카데미에서는 리그 오브 레전드(LoL), 오버워치, PUBG와 같은 인기 게임에 대한 실력 향상뿐만 아니라, 프로게이머가 되기 위한 종합적인 준비 과정을 돕는 교육을 제공한다. 프로게이머가 되기 위해서는 단지 게임 실력 향상뿐만 아니라 심리 관리나 팀워크, 전략적 사고 등도 중요한데, 주로 전직 프로게이머나 코치들이 강사로 참여하여 이같은 교육을 제공한다.

우리나라의 e스포츠 아카데미는 서울, 경기 등 주요 도시에 있다. 주요 e스포츠 아카데미와 가르치는 게임 종목을 소개하면 다음과 같다.

❶ GEN.G e스포츠 아카데미(서울)

▶주요 게임: 리그 오브 레전드, 오버워치, 배틀그라운드 등

❷ ESC 아카데미(서울 강남)

▶주요 게임: 리그 오브 레전드, 배틀그라운드, 오버워치, 피파 온라인 등

❸ 게임코치 아카데미(서울 마포)

▶주요 게임: 리그 오브 레전드, 오버워치, 배틀그라운드 등

❹ 부산 e스포츠 아카데미(부산광역시에서 운영하는 e스포츠 아카데미)

❺ 광주 e스포츠 아카데미(광주광역시가 지원하는 e스포츠 교육
프로그램)

▶주요 게임: 리그 오브 레전드, 배틀그라운드

프로구단에서 운영하는 아카데미와 연습생 프로그램

프로구단에서 운영하는 e스포츠 아카데미도 있다. 서울
에 위치한 DRX 아카데미는 프로구단인 DRX가 운영하는
아카데미이다. 주요 게임은 리그 오브 레전드, 발로란트 등
이며, 실제 프로구단에서 훈련하는 트레이닝 시스템을 기
반으로 훈련 내용이 구성되어 있기 때문에 좀 더 현실적인
훈련을 받을 수 있다는 점에서 장점이 있다.

일부 프로구단은 마치 연예기획사에서 연습생을 선발하
여 훈련시켜 데뷔시키는 것처럼 게임 연습생을 선발하여
훈련시키는 프로그램을 운영하기도 한다. 이때 연습생으로
뽑힌 선수들은 프로구단에서 제공하는 고도의 집중적인 훈
련을 받으며, 어느 정도 수준에 들면 실제 프로 대회에 참
가하는 기회를 얻는다.

온라인 교육 플랫폼 & 글로벌 e스포츠 교육기관

지금까지 소개한 e스포츠 교육기관은 오프라인 교육을
기반으로 하고 있다. 하지만 최근에는 다양한 온라인 e스포

츠 교육기관이 등장하여 주목받고 있다. 온라인 e스포츠 아카데미는 시간과 장소의 제약 없이 교육받을 수 있다는 장점이 있다. 또 온라인 교육기관은 개인별로 게임 실력 향상을 위한 일대일 맞춤형 코칭을 제공하는 방식으로 이루어지는 특징이 있다. 이때 현재 상위에 랭크되어 있는 프로게이머와 연결되어 직접 코칭을 받을 수도 있고, 전직 프로게이머와 연결되어 개인 코칭을 받을 수도 있다. 대표적 온라인 e스포츠 아카데미 및 플랫폼은 다음과 같다.

❶ Gamer Sensei: 전 세계적으로 인기 있는 e스포츠 온라인 코칭 플랫폼
  ▶주요 게임: 리그 오브 레전드, 오버워치, 배틀그라운드, 도타 2, 포트나이트, 발로란트 등
❷ Metafy: 각 게임별 전문 코치와 함께 1:1 수업을 받을 수 있는 온라인 아카데미
  ▶주요 게임: 슈퍼 스매시 브라더스, 리그 오브 레전드, 포트나이트, 발로란트, 스트리트 파이터 등
❸ ProGuides: 비디오 강의와 실시간 코칭을 제공하는 온라인 학습 플랫폼
  ▶주요 게임: 리그 오브 레전드, 발로란트, 오버워치, 포트나이트, 카운터 스트라이크: 글로벌 오펜시브 등

❹ Esports Tower: 팀 기반 코칭과 함께 다양한 대회 참가 기회를 제공하는 플랫폼

　▶주요 게임: 로켓 리그, 리그 오브 레전드, 오버워치 등

❺ Aim Lab FPS: 게임 실력을 집중적으로 향상시키기 위한 훈련 플랫폼

　▶주요 게임: 발로란트, CS, 오버워치 등

❻ Next Level eSports: 게임별 전문가와 함께 개별적, 맞춤형으로 수업을 진행하는 학습 플랫폼

　▶주요 게임: 리그 오브 레전드, 배틀그라운드, 포트나이트 등

한편 우리나라뿐만 아니라 북미, 유럽 등에도 글로벌 수준의 e스포츠 트레이닝 센터, 유명한 e스포츠 아카데미가 운영되는 곳이 있다. 중국의 LGD e스포츠 클럽, 미국의 Gamer University 등은 세계적인 수준의 교육을 제공하는 e스포츠 아카데미이다.

프로게이머 관련 대학 학과들

프로게이머를 꿈꾸는 학생들이 실제 경기 경험을 쌓고, 전문적인 훈련과 전략을 배울 수 있는 대학의 학과도 있다. 대표적으로 e스포츠학과와 게임학과가 있다.

e스포츠학과에서는 게임 실력을 키우는 것뿐만 아니라,

팀워크, 리더십, 경기 운영 등까지 배울 수 있다. 나아가 e스포츠와 관련된 매니지먼트, 방송, 중계, 해설 등의 분야까지 다루는 경우가 많다.

게임학과에서는 게임 제작 및 디자인에 대한 학문적 내용을 배운다. 프로게이머로서의 역량뿐만 아니라, 게임 기획, 프로그래밍, 그래픽 디자인 등 게임 산업의 다양한 직무를 배운다. 이런 학과들은 하나의 게임에 최적화된 교육보다는 e스포츠와 게임 개발 전반에 대한 이론과 실습을 다룬다는 점에서 전문 프로게이머 양성기관과 차이가 있다.

● e스포츠학과가 개설되어 있는 대학교

· 한양대학교 e스포츠학과

· 경희대학교 e스포츠학과

· 인천재능대학교 e스포츠학과

· 전주대학교 e스포츠학과

· 한국영상대학교 e스포츠학과

· 대구과학대학교 e스포츠학과

· 서울과학기술대학교 e스포츠학과

· 서울디지털대학교 e스포츠학과

· 동아대학교 e스포츠학과

● 게임학과가 개설되어 있는 대학교

· 서울과학기술대학교 게임학과

· 경희대학교 게임학과

· 국민대학교 게임학과

· 경기대학교 게임학과

· 한양대학교 게임학과

· 부산대학교 게임학과

· 대구대학교 게임학과

· 한국영상대학교 게임학과

정식 프로게이머가
되는 법

이제 우리나라에서 정식으로 프로게이머가 되는 방법에 대해 알아보자. 과거에 우리나라에서 정식 프로게이머가 되기 위해서는 한국e스포츠협회에서 발급하는 공인 프로게이머 자격증을 취득해야 했다. 하지만 프로게이머 자격증 제도의 여러 가지 문제점이 발견되면서 현재는 각 프로구단이 개별적으로 프로선수 등록 시스템을 갖추는 방식으로 변경되었다.

프로게이머 자격증과 변화의 바람

과거에는 사단법인 한국e스포츠협회에서 발급하는 프로게이머 자격증이 있었다. 당시 한국e스포츠협회에서 이 자격증을 신청할 수 있는 자격은 '공인게임대회 또는 공인

게임대회로 인증되지는 않았지만 공인 게임 대회 기준에 준한 국내 및 국제대회 입상 경력이 있는 준프로게이머 또는 아마추어 게이머(공인종목에 한함)'였다. 즉 공인게임 대회나 이에 준하는 대회에서 입상하면 프로게이머가 될 수 있었다.

하지만 프로게이머 자격증 제도는 자격증이 없는 선수들이 정식 대회에 참가할 수 없다는 점, 다른 나라에는 프로게이머 자격증 제도가 거의 없기 때문에 국제 기준과 맞지 않다는 점 등이 문제로 제기되었다. 그런 가운데 프로게임이 글로벌 시장에서 e스포츠로 크게 발전하면서 게임 시장에 변화의 바람이 불었다.

개별 게임사들이 직접 프로리그를 운영하면서 관중을 끌어들이는 본격적 e스포츠 리그가 펼쳐졌다. 이때 프로리그에 참가할 선수를 등록해야 하므로 프로리그를 운영하는 게임사들은 자체적인 프로선수 등록 시스템을 갖추게 되었다.

이런 변화의 바람과 함께 프로게이머 자격증 제도는 더 이상 필요 없게 되었다. 따라서 현재 우리나라는 각 게임사에서 운영하는 프로리그에 프로선수로 등록되어야 정식 프로게이머가 되는 시스템으로 바뀌어 있다. 우리나라에서 운영되고 있는 대표적 각 게임별 프로리그는 아래와 같다.

● 우리나라의 대표적 게임별 프로리그

- LCK(리그 오브 레전드 챔피언스 코리아)

- PUBG 코리아 리그

- 오버워치 컨텐더스 코리아

- 발로란트 챌린저스 코리아

이러한 프로리그는 각 게임을 만든 게임사에서 운영하며 프로선수 등록도 직접 하고 있다. 예를 들어, LCK(리그 오브 레전드 챔피언스 코리아)의 경우 이 게임을 만든 라이엇 게임즈가 직접 리그를 운영하면서 선수 등록 및 관리까지 한다.

정식 프로게이머가 되는 순간

우리나라에서 정식 프로게이머가 되기 위해서는 각 게임별 프로리그에 참가하고 있는 프로구단에 선택되어야 한다. 프로구단에 입단하는 것이 곧 정식 프로게이머가 되는 순간이라고 할 수 있다. 어떻게 하면 프로구단의 선택을 받을 수 있을까?

일단 프로구단의 선택을 받기 위해서는 선택한 게임 내에서 상위 0.1% 이상의 실력을 갖춰야 한다. 랭킹 시스템에서 상위에 랭크되거나 뛰어난 성과를 기록하는 것이 매우 중요하다. 이 과정에서 실력을 향상시키기 위해 전문 코칭을 받거나, e스포츠 아카데미 등에서 훈련을 받는다면 더 유리한 조건을 만들 수 있다.

어느 정도 실력을 갖추었다고 판단되면 이제 실력을 검증받기 위해 아마추어 대회나 소규모 온라인 대회에 적극적으로 참여해야 한다. 이러한 대회에 참가하다 보면 실전 경험이 쌓으면서 실력을 향상시킬 수 있다. 그리고 이런 대회에서 뛰어난 성적을 거두면 당연히 프로구단의 주목을 받을 수 있다. 아마추어 대회라도 중요한 대회에는 프로구단 스카우트들이 좋은 선수를 찾기 위해 와 있기 때문이다. 다음은 우리나라에서 실시되고 있는 대표적인 아마추어 대회이다.

● 우리나라의 아마추어 게임 대회
· 한국e스포츠협회 주관 대학생 리그
· 한국e스포츠협회 주관 아마추어 리그
· 아프리카TV 대회(온라인 대회 플랫폼을 통한 소규모 대회)
· 인벤컵(게임 전문 미디어 인벤이 주관하고 라이엇 게임즈가 주최하는 아마추어 대회)

이와 같은 대회에서 성과를 내면, 프로구단에 지원할 수 있는 자격이 주어진다. 이때 프로구단의 입단 테스트를 받게 되는데 이를 '트라이아웃'이라고 한다. 프로구단들은 SNS, 공식 웹사이트 등을 통해 트라이아웃 공고를 내기 때문에 이에 지원하여 입단 테스트에 합격하면 드디어 프로게이머의 꿈을 이루게 된다.

프로게이머가 되는 또 다른 방법이 있다. 바로 프로구단에서 운영하는 연습생에 지원하는 방식이다. 프로구단 중에서 연습생 제도를 운영하는 곳이 있다. 이곳에 연습생으로 지원하여 합격하면 이 구단의 프로게이머들과 함께 훈련하며 활동할 수 있다. 이때 실력을 인정받으면 프로게임에 데뷔할 기회가 주어지며 정식 프로게이머가 될 수 있다.

프로게이머가 되는 특별한 방법이 하나 더 있다. 프로구단에 직접 스카우트되는 방식이다. 이는 일반 스포츠에서도 흔히 있는 방식이다. 게임에 정말 뛰어난 실력을 보인다면 프로구단의 선택을 받아 계약을 맺을 수 있다.

프로게임 구단과
계약 조건

 우리나라에서 프로게이머가 되기 위해서는 프로구단에 입단해야 한다. 우리나라 게임 프로구단에는 어떤 구단이 있고, 계약 조건은 어떨까?

종목사, 프로구단, 프로팀

 프로구단을 이해하기 위해서는 먼저 종목사, 프로구단, 프로팀의 개념을 이해해야 한다. 현재 진행되고 있는 각 종목별 프로게임리그는 종목사가 주관하고 있기 때문에 종목사를 알아야 한다. 종목사란 그 게임을 만든 회사를 말하며 대표적인 주요 종목사는 다음과 같다.

● 대표적인 주요 종목사

• **라이엇 게임즈**: 롤과 발로란트를 개발한 회사이다. LoL 챔피언스 코리아(LCK)와 발로란트 챌린저스 코리아를 운영하고 있다. LCK는 세계에서 가장 경쟁력 있는 리그로 평가받고 있다.

• **블리자드 엔터테인먼트**: e스포츠를 여는 스타크래프트와 오버워치를 만든 회사이다. 대한민국 최대 규모의 오버워치 공식 리그인 오버워치 컨텐더스 코리아를 운영하고 있다.

• **펍지**: 배틀그라운드(PUBG)를 만든 회사이다. PUBG 코리아 리그를 운영하고 있다.

프로게임단은 이러한 리그에 참가하기 위해 운영되는 구단을 뜻한다. 게임 기업이나 게임 관심 기업에서 프로게임단을 만들어 운영하고 있다. 프로게임단에서는 한 개의 게임팀 또는 게임 종류별로 나누어 두 개 이상의 게임팀을 운영하는 곳도 있다. 따라서 프로게임단 아래에 프로게임팀이 존재한다.

한국콘텐츠진흥원의 조사(2023년)에 따르면, 우리나라에서 운영된 프로게임단은 약 40개, 각 프로게임단에서 운영하는 프로게임팀은 약 80개이다. 이 가운데 배틀그라운드가 15개 팀으로 가장 많았고 발로란트가 12개 팀, 리그오브레전드 10개 팀, 오버워치가 8개 팀으로 운영되고 있었다. 게임별 팀 수는 해마다 바뀌므로 이 점을 기억하자.

대표적인 프로게임단과 프로게임팀

프로게이머는 프로팀에 소속되어 일하므로 게임별 주요 프로구단과 프로팀을 아는 것이 중요하다. 우리나라 대표 리그인 LoL 챔피언스 코리아(LCK) 위주로 알아보자.

다음은 가장 인기 게임인 2024년 LoL 챔피언스 코리아에 참가하는 10개 팀이다.

❶ Gen.G

❷ T1

❸ 한화생명 e스포츠

❹ Dplus KIA

❺ KT 롤스터

❻ 광동 프릭스

❼ BNK FearX

❽ 농심 레드포스

❾ DRX

❿ OK저축은행 브리온

이 중 페이커 이상혁 선수가 활동한 T1은 리그 오브 레전드에서 세계적으로 가장 유명한 팀 중 하나이다. 각종 대회에서 다수의 우승을 차지한 팀으로 유명하다. T1은 국내 대표적 기업인 SKT에서 만든 프로게임구단이다.

KT 롤스터는 우리나라 기업인 KT에서 운영하는 프로게임구단으로, 과거 LCK의 역사에서는 SKT T1과 경쟁하던 전통의 명문 팀이었다. 그러나 이후 침체기를 겪었다가 2023년에 다시 부활하는 모습을 보여 주었다.

Gen.G는 젠지 e스포츠에서 운영하는 롤 프로팀이다. 젠지 e스포츠는 미국의 모바일 게임 회사 카밤의 창업자인 케빈 추가 운영하는 프로게임단이다. 롤뿐만 아니라 배틀그라운드, 발로란트 등 다양한 종목에서 프로팀을 만들어 운영하고 있다.

DRX는 사모펀드 운용사 ATU파트너스가 소유하는 우리나라의 e스포츠 매니지먼트 기업이다. 리그 오브 레전드 팀(DRX)뿐만 아니라 발로란트, 워크래프트 3, 대전 격투 게임, 모바일 배틀그라운드 등의 종목에서도 프로팀을 운영하고 있다. 롤 월드 챔피언십인 롤드컵에서 우승한 경력이 있는 팀이다.

Dplus KIA는 우리나라 기업인 기아에서 운영하는 프로게임단이다. 롤뿐만 아니라 배틀그라운드, 발로란트, 레인보우 식스 시즈, 배틀그라운드 모바일 등의 종목에서 프로게임팀을 운영하고 있다. 롤 월드 챔피언십인 롤드컵에서 우승한 경력이 있는 팀이다.

한화생명 e스포츠는 이름 그대로 한화생명에서 운영하는 프로게임단이다. LCK에서 꾸준히 활동하고 있다.

BNK FearX는 우리나라 비주얼 테크솔루션 기업인 4by4에서 운영하는 프로게임단이다. 다른 종목에도 프로게임팀을 구성하여 운영하였으나 현재는 롤 종목에서 프로게임팀을 운영하고 있다.

광동 프릭스와 농심 레드포스, OK저축은행 브리온 등은 각각 광동, 농심, OK저축은행 등에서 운영하는 프로게임단이다.

프로게임구단의 계약 조건과 연봉 수준

프로게임구단의 계약 조건과 연봉 수준은 어느 정도나 될까? 다른 스포츠와 마찬가지로 e스포츠 프로게이머의 계약 조건과 연봉 수준은 선수의 수준에 따라 다르다. 최고 수준의 선수들은 수십억 원의 연봉을 받는가 하면 하위급 선수들은 수천만 원의 연봉을 받기도 한다. 프로게이머들의 연봉은 다른 스포츠에 비해 잘 공개되지 않는 편이다. 그 이유는 연봉 공개가 법으로 정해져 있지 않고 또 소수의 팀과 선수들로 구성되어 있기 때문에 연봉을 공개하면 긍정적 영향보다는 부정적인 영향이 크기 때문이다. 우리나라 최고의 프로게이머라 할 수 있는 이상혁 선수의 경우, 대략 50~70억 원 수준으로 알려져 있다.

프로게이머의 경우 일반 직장인과 달리 직업의 수명이 짧기 때문에 최저 연봉을 보장할 필요가 있다. 이 때문에 프로게임리그에서는 최소 연봉 제도를 도입하는 곳이 많다. 우리나라 최고 프로게임리그라고 할 수 있는 LOL 챔피언스 코리아(LCK) 리그는 최소 연봉을 6천만 원 정도로 책정해 놓았다.

한편, 프로게이머는 연봉 외의 수입도 있다. 처음 프로구단과 계약을 할 때 별도의 계약금을 받을 수 있으며, 각종 대회에서 얻는 상금 수입도 챙길 수 있다. 그 외 유명 프로게이머의 경우 광고 수익도 얻을 수 있고, 자신의 브랜드 제품과 굿즈의 매출을 통해서도 수입을 얻을 수 있다. 또 게임을 후원하는 기업으로부터 스폰서십을 통해 수입을 얻을 수 있다.

한편, 프로게이머는 경기에 지장을 주지 않는 선에서 유튜브 등과 같은 개인 방송을 운영하는 것도 가능하다. 실제 많은 프로게이머가 유튜브 채널을 운영하며 추가적인 수익을 얻고 있다. 이것은 대중에게 더 가까이 다가갈 수 있는 방법이기 때문에 구단에도 긍정적 효과를 줄 수 있다.

좋은 프로게이머가
되려면?

프로게이머는 일반 스포츠 선수와 비슷한 환경의 직업생활을 한다. 10대 후반부터 주목받기 시작하여 20대에 선수생활이 거의 끝난다고 보면 된다. 몸을 쓰지 않는 스포츠인데 왜 이렇게 선수 수명이 짧을까? e스포츠 역시 손가락과 두뇌를 사용하는 운동으로 매우 빠르고 민감한 감각이 요구되기 때문에 나이가 들면 젊은 선수들의 감각을 따라갈 수 없는 시기가 온다. 이런 구조이기 때문에 프로게이머는 짧은 시간 안에 인정도 받고 돈도 많이 버는 삶을 꿈꾼다.

인기스타가 되느냐, 좋은 프로게이머가 되느냐

다른 프로스포츠와 마찬가지로 e스포츠 선수들도 결국 경기에서 좋은 성적을 내야 연봉이 올라간다. 여기에 경기에서 남들보다 뛰어난 기량과 성적을 선보이면 인기스타의 반열에도 오를 수 있다. 인기스타의 반열에 오르면 일반인들은 상상할 수도 없는 높은 연봉을 받을 뿐 아니라 기업의 스폰서십, 각종 광고 등의 부수입까지 얻는다.

모든 프로게이머는 인기 스타가 되고 싶은 꿈을 꾼다. 하지만 인기스타는 어느 분야나 마찬가지로 상위 1~2%만 얻는 자리이므로 평범한 선수들은 오르기 힘든 고지일 수 있다. 따라서 인기스타까지는 아니더라도 인정받는 선수가 되는 데까지 나아가는 것이 중요하다.

최소한 인정받는 프로게이머가 되기 위해서는 부단한 노력과 자기관리가 필요하다. 아무리 타고난 실력이 있다 하더라도 노력이 뒷받침되어야 프로 세계에서 인정받는 선수가 될 수 있다. 또 인기스타가 되었다 하더라도 자기 관리를 잘못해 선수 수명이 단축되는 일도 있다. 인기스타는 되지 못해도 선수 생활을 길게 하면서 자신의 길을 꾸준히 가는 게 나을까, 잠시 인기스타가 되는 게 나을까?

따라서 인기스타를 꿈꾸기보다 좋은 프로게이머가 되기 위해 노력해야 한다. 좋은 프로게이머란 프로게임 세계에서 팀과 팬들로부터 인정받으며 오래도록 선수 생활을 유지하는 선수이다. 이러한 꿈을 실현하려면 피나는 훈련과 엄격한 자기 관리가 필수이다.

좋은 프로게이머의 인성과 실력

모든 스포츠가 마찬가지겠지만 좋은 프로선수는 뛰어난 실력으로 팀에 기여하고 개인적으로도 겸손한 태도로 팀과 팬들에게 오래도록 인정받는 선수일 것이다. 좋은 프로게이머도 마찬가지다. 겸손하고 성실한 태도로 행동하면서 경기에서 뛰어난 기량을 선보이며 팀에도 기여하는 프로게이머는 팀과 팬들에게 좋은 프로게이머로 기억될 수밖에 없다. 이러한 프로게이머가 되기 위해 가장 중요한 것은 결국 실력과 인성이다.

어떤 분야든 실력이 있어야 성공할 수 있다는 사실은 누구나 알고 있다. 따라서 인정받는 프로게이머가 되고자 한다면 더 나은 실력을 갖추기 위해 끊임없는 노력과 연습, 훈련에 매진해야 한다. 그래야 좋은 프로게이머가 될 수 있다. 그런데 좋은 프로게이머가 되기 위해 놓치기 쉬운 것이 하나 있다. 바로 인성이다.

인성이란 개인이 지니고 있는 성품을 뜻한다. 성격은 바꾸기 힘들 수 있으나 성품은 자기의 노력에 따라 얼마든지 개발할 수 있다. 성격이 한 사람의 고유한 본성이라면, 성품은 주위 사람들에게 표현되는 마음의 됨됨이이다. 예를 들어 평소 자기중심적인 성품을 지닌 사람이 여러 경험과 깨달음을 통하여 좀 더 겸손한 성품으로 변할 수 있다. 하지만 내성적인 성격이 외향적으로 바뀌기는 매우 어렵다.

프로게이머는 팬들의 사랑으로 먹고사는 직업이기 때문에 겸손한 성품을 갖기 위해 부단히 노력해야 한다. 왜냐하면 대중은 겸손한 사람을 좋아하고, 반대로 거만하거나 이기적인 사람을 싫어하기 때문이다. 자기중심적 성품을 가지고 대중적 인기를 얻기는 매우 어렵다.

프로게이머는 게임에서 이길 수도 있고 질 수도 있다. 이겼을 때 교만하게 행동하지 않도록 노력해야 하고, 졌을 때 실의에 빠지지 않도록 자기 관리를 해야 한다. 이런 상황에 잘 대처하는 데 성품이 무엇보다 중요하다.

카트라이더의 최고 스타, 문호준

카트라이더는 2004년 넥슨에서 처음 출시된 게임으로, 무려 20여 년이 지난 지금까지도 꾸준히 인기를 끌고 있다. 특히 2023년에는 후속작인 '카트라이더: 드리프트'가 출시되었는데, 이는 PC뿐만 아니라 모바일(스마트폰), 게임기(콘솔)로도 즐길 수 있다. 카트라이더는 이를 통하여 글로벌 시장에도 새로운 도전을 하고 있는 상황이다.

특정 게임이 20여 년 동안 인기를 끄는 것은 쉽지 않은 일이다. 이 때문에 카트라이더는 우리나라 게임 역사에서 중요한 위치를 차지하고 있다. 이 카트라이더 분야에서 최고 스타가 탄생했으니 바로 문호준 선수이다. 문호준 선수가 얼마나 대단한지는 그의 기록만 봐도 알 수 있다.

그는 카트라이더 리그 역사상 개인 우승 10회, 팀우승 4회로 최다 우승 기록을 가지고 있다. 또 카트라이더 리그는 카트라이더 리그와 카트라이더:드리프트 리그 양대 리그로 운영되고 있는데 여기에서 우리나라 최초이자 유일한 2회 양대 리그 우승 기록을 가지고 있다.

또 최초이자 최다 개인전 퍼펙트게임 기록, 최장 개인전 연속 입상 및 결승 진출 기록도 가지고 있다.

우리나라 e스포츠 대상의 카트라이더 종목에서 최우수 선수상 최다 수상자 기록도 가지고 있으며, e스포츠 명예의 전당에도 이름을 올리고 있다. 가장 대단한 기록은 2000년대, 2010년대, 2020년대에 걸쳐 우승을 이룬 유일한 선수라는 사실이다.

문호준 선수의 기록 중 더욱 놀라운 사실이 있다. 바로 불과 만 9세의 나이에 국내 최연소 프로게이머로 데뷔(2006년)했다는 점이다. 이것이 가능했던 이유는 당시에는 나이가 적더라도 뛰어난 실력만 있으면 프로게이머로 인정받을 수 있는 환경이 조성되어 있었기 때문이다. 문호준 선수는 이 환경에서 실력을 인정받아 어린 나이에 프로게이머가 될 수 있었다.

문호준 선수는 우리나라 카트라이더 역사에서 전설적인

선수로 기록되고 있다. 은퇴 후에도 프로팀 감독으로 부임하여 팀을 우승으로 이끌었다.

4장
프로게이머로
살아간다는 것

프로게이머가
하는 일

프로게이머가 되면 구체적으로 어떻게 생활할까? 프로게이머의 생활은 크게 연습 및 훈련 시간과 개인 관리 시간, 실제 게임 시간 등으로 나눌 수 있다.

프로게이머는 어떻게 훈련할까?

프로게이머는 게임대회에서 좋은 성적 거두는 것을 목표로 한다. 좋은 성적을 거두어야 팬들이 많아져서 구단도 게임팀을 운영하는 목적을 달성할 수 있고, 프로게이머도 더 나은 대우를 받을 수 있기 때문이다. 프로게이머가 게임대회에서 좋은 성적을 거두기 위해 연습과 훈련은 필수다. 누가 더 많은 훈련을 했느냐에 따라 승패가 갈라지기 때문이다. 이 때문에 모든 프로게임팀은 피나는 훈련을 하고 있다.

프로게임팀의 프로게이머들은 평소에 어떤 훈련을 받을까? 일단 프로게임팀은 일반 스포츠팀과 같은 감독, 코치, 선수들로 팀이 구성된다. 우리나라 대표적인 게임팀인 T1의 경우 감독 1명, 코치 2명, 선수 5명으로 구성되어 있다. 이처럼 게임팀은 대개 5명 내외의 선수로 구성되어 단체로 훈련을 진행한다.

훈련 시간은 팀마다 다른데, 평균적으로 매일 6~8시간 정도 체계적으로 훈련을 받는다. 매일 6~8시간 정도 훈련을 받는 것은 쉽지 않은데, 놀라운 것은 여기에서 훈련이 끝나지 않는다는 점이다. 팀 훈련만 있는 것이 아니라 개인 훈련도 있기 때문이다. 선수들은 조금이라도 더 좋은 성적을 내기 위해 개인 훈련도 게을리 하지 않는다. 이렇게 개인 훈련까지 합하여 하루 10시간 내외를 훈련에 쏟는다. 단, 이는 실제 경기가 없는 날의 일정이다.

팀 훈련을 할 때는 대개 일반 게이머들이 하는 게임을 반복해서 연습한다. 정상급 선수들의 경우 게임의 다양한 핵심 메커니즘을 잘 파악하고 있기 때문에 이런 훈련보다는 연습 경기(스크린) 위주의 훈련을 많이 한다. 감독과 코치가 훈련 내용을 세밀히 관찰하고 기록하면서, 선수들과의 피드백을 통하여 개선점을 찾는 시간도 가진다.

개인 훈련의 경우 게임의 순위 방식에 접속하여 훈련하

는 것이 일반적 훈련 방법으로 알려져 있다.

프로게이머는 개인 관리를 어떻게 할까?

프로게이머는 계속 같은 자세로 앉아서 컴퓨터 게임을 하기에 몸에 무리가 갈 수 있다. 또 긴장된 상태에서 상대와 대결을 벌이기에 정신적 스트레스 또한 무시할 수 없다. 따라서 몸과 마음을 적절하게 관리하지 않으면 당장 문제가 생길 수 있다.

프로게이머들에게 건강 관리는 매우 중요하다. 이 때문에 각 프로구단은 체육관 등의 시설을 갖추고 있다. 프로게이머들은 주로 체육관 등에서 운동하며 체력을 관리한다. 또 유명한 선수들은 개인 트레이너와 체계적으로 운동하기도 한다.

프로게이머가 하는 운동에서 중요한 것 중 하나가 바로 스트레칭이다. 장시간 같은 자세로 앉아서 게임을 해서 근육이 쉽게 뭉치기 때문이다. 실제 프로게이머 중에는 손목, 어깨 또는 등의 통증에 시달리는 선수들이 많다. 이때 스트레칭을 하면 뭉친 근육을 풀어줌으로써 통증을 미리 예방할 수 있다. 스트레칭은 특별한 장비가 필요 없고 언제 어디서든 할 수 있으므로 프로게이머가 꼭 익혀야 할 운동법이다.

개인의 건강 관리를 위해 운동 못지않게 중요한 것은 적절한 휴식과 충분한 수면이다. 이를 위해 많은 프로팀은 주 5~6일 연습을 하고, 나머지 하루나 이틀은 쉬는 날로 정하고 있다. 적절한 휴식과 충분한 수면은 긴장을 완화해 주고, 하루 동안 쌓인 피로를 풀어 주며, 몸과 마음이 다시 회복하는 데 큰 도움을 준다.

특히 충분한 수면은 건강 관리와 직결되어, 적어도 6~8시간의 수면이 필요하다. 처음 실력을 향상시켜야 할 때는 더 많은 훈련 시간이 필요하기에 수면을 줄여서라도 훈련에 힘써야 하겠지만, 어느 정도 안정된 시기가 되었다면 충분한 수면 시간을 위해 훈련 시간을 조절하는 것이 장기적으로 볼 때 지혜로운 방법이다.

프로게이머는 마음 관리도 해야 한다. 이를 위해 반드시 스트레스를 푸는 활동이 중요하다. 이때 본인에게 맞는 활동을 찾아서 해야 한다. 그것이 휴식이라면 쉬어야 하고 자는 것이라면 자야 하며, 취미생활이나 여행, 친구 만나는 것이라면 그것을 해야 한다. 사람은 자기가 좋아하는 것을 할 때 스트레스에서 벗어나기 때문이다.

게임대회 시즌은 어떻게 진행될까?

프로게임은 종목마다 게임대회와 게임리그를 치르는 기

간이 다르다. 하지만 대개 1년에 몇 달 비시즌 기간을 제외하면 나머지 시간들은 계속 게임리그와 대회를 치른다. 이는 다른 프로스포츠들이 진행하는 방식과 거의 비슷하다.

게임리그나 대회가 자주 있다고 해서 매일 경기를 치르는 것은 아니다. 우리나라 대표적 프로게임리그라 할 수 있는 LCK리그 기준으로 보면, 한 팀은 정규 시즌이 진행되는 동안 1주에 2게임을 치른다. 주 7일 중에 이틀 정도 게임에 나서는 것이다. 나머지 시간은 거의 훈련으로 하루를 보낸다고 보면 된다. 앞에서 소개한 훈련 시간은 바로 정규 시즌 프로게임리그가 열리고 있는 동안 진행되는 훈련을 뜻한다.

대부분의 프로게임 리그는 정규 시즌만 있는 것이 아니다. 정규 시즌이 시작되기 전에 준비 성격으로 진행되는 프리 시즌, 정규 시즌이 끝난 후 챔피언을 가리는 포스트시즌, 그리고 시즌 사이에 진행되는 특별 대회 및 국제 대회 등으로 구성되어 있다. 이 모든 일정이 끝나면 비로소 선수들이 완전히 휴식할 수 있는 비시즌으로 들어가게 된다. 비시즌 기간은 게임 종목에 따라 다르며 대개 1~5개월 사이에 있다.

프로게임 리그의 시즌은
어떻게 운영될까?

프로게임 리그는 프리 시즌, 정규시즌, 포스트 시즌, 특별 대회와 국제대회 등으로 구성되어 있다. 더 자세히 알아보자.

프로게임의 정규 시즌

정규 시즌은 해당하는 게임의 팀들이 리그 경기를 치르는 방식을 말한다. 이것은 프로야구나 프로축구의 정규리그 방식과 비슷하게 진행된다. 정규리그에서 순위를 결정하고 이 성적에 따라 결승대회라고 할 수 있는 포스트시즌에 진출할 팀이 가려진다.

게임 종목에 따라 정규 시즌이 진행되는 기간이나 방식에 차이가 있는데, 우리나라의 대표적 게임 리그인 LCK의 경우 스플릿 제도를 도입하고 있다. 스플릿 제도는 1년에 한 번 진행되는 단일 리그 제도와 달리, 중간에 휴식기를 두어 두 번 정도로 나눠서 진행하는 리그 제도를 말한다. 롤챔피언스코리아(LCK) 대회의 경우 2025년에 다시 단일 리그 제도로 바뀌었지만, 2024년까지는 스프링 스플릿과 서머 스플릿으로 나눠서 스플릿 제도를 시행하였다.

스프링 스플릿은 1월 중순부터 3월 말 또는 4월 초까지 진행되고, 5월까지 휴식기를 보낸다. 그리고 6월 중순부터 8월 말까지 서머 스플릿이 진행된다. 각 스플릿은 약 9주간 진행된다. 이때 스플릿 우승팀은 MSI(Mid-Season Invitational)라는 국제대회에 출전할 자격을 얻게 되고, 서머 스플릿 우승팀은 리그 오브 레전드 월드 챔피언십(롤드컵)의 출전 자격을 얻게 된다.

한편, 오버워치 리그나 Call of Duty 리그의 경우 분기별 혹은 반기별로 나뉘어 운영되기도 한다.

프로게임의 포스트 시즌

프로야구의 플레이오프처럼 프로게임리그에서도 정규 시즌에서 상위권 성적을 거둔 팀끼리 포스트시즌을 치른다.

보통 정규 시즌에서 상위 4팀 또는 6팀이 진출하여 정규 시즌과 달리 토너먼트 방식으로 경기를 치른다. 다른 스포츠에서는 토너먼트에서 한 번 대결해서 지면 탈락한다. 하지만 프로게임에서는 1회 패배 시 탈락하는 싱글 엘리미네이션 방식과, 2회 패배 시 탈락하는 더블 엘리미네이션 방식을 모두 채택하고 있다. 이렇게 하여 최종 두 팀이 결승에 오르고 우승을 결정짓는다. 프로게임리그에서 결승전은 대회 상금과 명예가 걸린 리그에서 가장 중요한 경기이다.

프로게임의 프리시즌

프로게임의 프리시즌은 유럽 축구의 프리시즌이나 프로야구의 시범경기와 같은 성격으로 열리는 대회이다. 프로게임에서 프리시즌 제도를 채택한 것은 정규 시즌이 시작되기 전에 팀이나 선수들이 새로운 전략을 시험하거나, 실전에 적응할 수 있도록 돕기 위해서이다. 또 게임의 경우 업데이트된 게임 환경에 따라 새로운 메타(특정 시점에 가장 효율적이고 성공적인 전략이나 전술)가 나오기 때문에 실전에 앞서 적용해 볼 수 있는 기회가 필요하다. 따라서 프리시즌 경기는 팀과 선수들에게 중요한 준비 과정이다.

프로게임의 특별 대회 및 국제 대회

프로게임리그는 국내 챔피언을 가리기 위한 대회로, 각 국가에서 진행된다. 하지만 스포츠 경기는 세계 챔피언을 가려야 하기 때문에 국제 대회도 열린다. 이 때문에 게임 대회는 특별 대회나 국제 대회가 열리기도 한다. 예를 들어, 리그 오브 레전드의 경우 미드 시즌 인비테이셔널(Mid-Season Invitational, MSI)라는 국제대회와 리그 오브 레전드의 월드컵이라 할 수 있는 리그 오브 레전드 월드 챔피언십(롤드컵)이 개최되고 있다.

세계대회는 각국의 상위 팀들이 세계 무대에서 경쟁하는 대회이기 때문에 전 세계에서 엄청난 팬층을 확보하고 있다. 오버워치, 포트나이트 등의 종목에서도 오버워치 월드컵, 포트나이트 월드컵 대회가 열리고 있다.

또 게임대회 중에는 게임리그를 후원하는 스폰서 기업이 개최하거나 특정 목적을 위해 열리는 특별 대회도 있다. 예를 들어, 리그 오브 레전드 올스타전, 초청대회, 이벤트 대회 등이 있다.

선수들이 휴식하는 비시즌

모든 대회가 끝나면 프로게이머는 비로소 달콤한 휴식 기간에 들어간다. 이를 비시즌(Off-season)이라고 한다. 이때 선수들은 모든 것을 내려놓고 완전히 쉬는 시간을 보낸다.

비시즌 기간은 게임 종목에 따라 차이가 있다. 롤의 경우 두 번의 비시즌이 있기 때문에 합치면 4~5개월이나 된다.

즉 스프링 스플릿이 끝난 후 약 2개월 간의 비시즌이 있고, 서머 스플릿과 롤드컵이 종료되는 11월 이후 약 2~3개월 간 비시즌이 있다.

오버워치의 경우 약 4~5개월의 비시즌 기간이 있고, 도타2의 경우 약 2~3개월 간의 비시즌 기간이 있다. 스타크래프트II의 경우 리그가 3번에 나뉘어 진행되기 때문에 각 시즌 사이가 비시즌이 되므로 도합 5~6개월간의 긴 비시즌이 있다. CS(카운터 스트라이크: 글로벌 오펜시브)의 경우 다양한 대회와 리그가 전 세계에서 연속적으로 열리기 때문에 대회 사이의 짧은 비시즌을 보내는 특징이 있다.

선수들은 비시즌 동안 휴식을 취할 수 있으나 마냥 쉬기만 하는 것이 아니라 재정비하는 시간으로 삼는 선수들이 많다. 또 프로팀은 이 시간 동안 새로운 선수들을 영입하거나 방출하며, 다음 시즌을 준비하기 때문에 정규 시즌 못지않게 바쁜 시간을 보낸다.

프로게이머 직업의
장점과 단점

프로게이머는 많은 청소년이 꿈꾸는 직업 중 하나임이 분명하다. 그러나 한 사람이 직업을 선택하는 것은 매우 중요한 일이므로 프로게이머 직업의 장단점을 모두 알아보고 이를 종합적으로 고려해서 선택해야 한다.

프로게이머 직업의 장점

대개 프로게이머는 게임을 좋아하고 잘하는 사람들이 선택하게 마련이다. 세상에서 자신이 좋아하고 잘하는 분야를 직업으로 삼을 수 있는 것처럼 행복한 일은 없다. 좋아하고 잘하는 일을 하면서 돈을 벌고 인기도 얻을 수 있기 때문이다. 하지만 자신이 좋아하고 잘하는 분야와 상관없는 일을 하면서 살아가는 사람도 많다. 그래서 직업에 불만을 느끼거나 권태기를 경험하기도 한다. 그런 점에서 프로게이머는 정말 좋은 직업이라고 말할 수 있지 않을까?

만약 자신이 관심받는 것을 좋아하는 성격이라면 프로게이머는 매우 적합한 직업이라고 할 수 있다. 프로게이머로 성공한다면 대중에게 큰 인기를 얻을 수 있기 때문이다. 경우에 따라 연예인 못지않은 인기를 얻을 수도 있고, 세계적인 e스포츠 스타가 될 수 있는 길도 열려 있다. 이미 이 길을 닦아놓은 수많은 e스포츠 스타가 이를 증명하고 있다.

프로게이머가 일반 직장인보다 큰돈을 벌 수 있다는 점도 큰 장점이라고 할 수 있다. 프로게이머가 되는 과정은 힘들지만 일단 프로게이머가 되면 억대 연봉의 기회를 잡을 수 있다. 신인 선수의 경우 1억 원 이하일 수도 있으나 LCK 소속 프로게이머의 평균 연봉(2022년 기준)은 약 3억 원 정도였다. 그러나 만약 레전드 선수가 되거나 인기스타의 반열에 들면 10억 원 이상의 연봉을 받는 경우가 많다. 그뿐만 아니라 인기 프로게이머는 방송 출연, 광고, 유튜브 수익 등으로 연간 수십억 원을 벌어들일 수도 있다.

한편, 프로게이머는 각종 국제대회에 참가하기 때문에 전 세계를 돌며 다양하게 경험할 수 있다는 점도 하나의 장점이다. 또한, 프로게임 구단을 운영하는 곳은 대부분 대기업이기 때문에 대기업에서 제공하는 각종 복지혜택을 함께 누릴 수 있다. 프로게임에는 고가의 게임 장비가 필요한데 이를 무료로 제공하기도 하고 선수들의 부상이 발생하면 치료비를 전액 부담하기도 한다.

프로게이머 직업의 단점

프로게이머라는 직업은 일반 직업에 비해 화려한 직업이다. 화려한 직업일수록 인기와 명예를 얻고 돈도 많이 벌 수 있는 반면, 그에 따른 여러 가지 단점도 있다.

일단 프로게이머는 항상 대회를 준비하고 대회에 임해야 하므로 극도의 경쟁과 스트레스에 시달릴 수밖에 없다. 아무리 실력을 쌓아도 자신보다 실력이 뛰어난 수많은 프로게이머가 존재하기 때문에 끊임없이 경쟁해야 하고 경기에서 실수하거나 지면 스트레스에 시달린다. 특히 중요한 게임을 앞두고 받는 스트레스는 생각보다 크다고 한다.

프로게이머들은 매일 긴 시간을 훈련해야 하므로 누적된 정신적, 육체적 피로에 시달린다. 이 피로를 극복하지 못하면 건강에 이상이 생기거나 번아웃이 올 수도 있다. 그러면 자신의 일에 큰 타격을 받을 수 있다.

또한 프로게이머는 평생 일할 수 있는 정규직이 아니라 몇 년 단위로 계약하기 때문에 경기 성적에 따라 변화가 많은 직업이다. 경기 성적이 나쁘면 연봉이 깎일 수도 있고 심지어 팀을 떠나야 하는 일이 발생할 수도 있다. 또 프로게이머는 오랜 시간 긴장된 상태로 컴퓨터 앞에 앉아 있는 일이다 보니 신체 건강에 이상이 생길 위험도 높다.

프로게이머 직업의 가장 큰 단점은 위에서 말한 모든 문제와 연결된다. 이와 같은 단점들로 인해 받는 스트레스, 체력 저하, 집중력 감소 등으로 인해 선수 수명이 매우 짧다는 점이다. 다른 프로야구나 프로축구 등 다른 프로스포츠 선수들의 수명이 짧은 것과 거의 비슷하다.

게임 종목에 따라 다소 차이는 있지만 프로게이머들은 대개 20대 중반에서 후반이면 은퇴한다. 다른 직업의 경우 이제 막 직업을 선택하고 일을 시작하는 나이이다. 은퇴 후에 코치, 해설가, 스트리머 등 게임 분야에서 일하는 사람도 있지만, 경쟁이 매우 치열하기 때문에 쉽게 일자리를 얻기 힘들다. 결국 새로운 진로를 찾아야 하는데, 미리 준비하지 않으면 어려움을 겪을 수밖에 없다. 그러나 프로게이머 생활 자체가 매우 치열하게 진행되기 때문에 은퇴 후의 직업을 미리 준비하는 프로게이머는 거의 없다.

프로게이머의
하루

프로게이머는 어떤 하루를 보낼까? 경기가 있는 날과 경기가 없는 날은 매우 큰 차이가 있다. 이 둘을 나누어 자세히 알아보자.

경기가 없는 날 선수들의 하루 ①

다음은 2020 LoL 챔피언스 코리아(LCK) 스프링 시즌에서 돌풍을 일으킨 설해원 프린스 게임단의 하루 일과이다. '노컷뉴스'에서 소개한 "슬기로운 프로게이머 생활, 그들의 24시"를 정리한 내용이다.

설해원 프린스 게임단은 시즌 중에는 팀이 숙소 생활을 하는 것을 원칙으로 한다.

▲ 정오 12시~오후 1시

선수들은 새벽까지 게임 연습을 했기 때문에 정오가 되어서야 침대에서 일어난다. 일어나자마자 씻고 바쁘게 점심식사를 한다. 왜냐하면 오후 1시부터 연습이 시작되기 때문이다.

▲ 오후 1시~4시

점심을 맛있게 먹고 5분 거리에 있는 연습실로 이동한다. 연습실에 훈련할 컴퓨터 시설이 있기 때문에 연습실에 가야만 게임을 할 수 있다. 숙소에는 수면에 방해를 주지 않으려고 일부러 컴퓨터를 두지 않고 있다.

드디어 선수들이 연습실에 모여 훈련에 들어간다. 훈련은 오후 4시까지 3시간 정도 진행되는데, 먼저 선수들이 30~40분 연습 게임을 하고 나머지 20~30분 정도 코칭스태프의 분석을 듣는 방식으로 진행된다. 한 타임이 1시간 정도 걸리기 때문에 오후 4시까지 3경기 정도 연습한다.

▲ 오후 4시~7시

오후 4시부터 3시간 정도 식사와 휴식 시간을 보낸다. 팀에서는 영양 보충을 위해 선수들이 원하는 음식을 먹을 수 있도록 연습실 부근의 여러 식당들과 미리 계약을 해놓기도 한다. 따라서 선수들은 자신이 원하는 음식을 선택해서 먹을 수 있다. 큰 프로팀의 경우 회사에서 식당을 운영하는 곳도 있다. 선수들은 식사를 마치고 저녁 7시까지 자유시간을 갖는다.

▲ 오후 7시~8시

저녁 7시부터 8시까지 운동 트레이너에게 몸 관리를 받는다. 프로게이머 일의 특성상 손가락과 허리 등 몸에 문제가 생길 가능성이 높다. 몸에 문제가 생기면 경기력에 큰 영향을 주기 때문에 매우 중요한 시간이다.

▲ 오후 8시~새벽 1시

저녁 8시부터 새벽 1시까지 고강도 훈련이 시작된다. 게임의 특성상 밤에 집중이 더 잘 되기 때문에 설해원 프린스팀은 이 시간에 집중적으로 훈련한다. 훈련 시간이 새벽까지 길게 이어지는 이유는 훈련 과정에 코칭스태프와 선수들 간의 활발한 토론이 포함되어 있기 때문이다. 선수들은 새벽 1시가 넘어서야 하루일과를 마치고 잠자리를 위해 숙소로 향한다.

경기가 없는 날 선수들의 하루 ②

앞에서 소개한 게임단의 하루는 다른 프로팀에 소속된 프로게이머가 보내는 하루와 조금씩 차이는 있지만, 대부분의 프로게임팀이 이와 비슷한 하루를 보낸다.

다음은 우리나라 대표 프로게임팀이라 할 수 있는 T1팀의 하루일과이다. 이는 2020년 11월 조선일보와의 인터뷰에서 에포트 선수가 밝힌 내용이다.

▲ 정오 12시~오후 1시

T1 선수들은 정오 12시에 기상해서 곧바로 연습실로 출근한다. 연습실에는 모든 시설이 갖추어져 있다. 그곳에서 점심을 먹는다.

▲ 오후 1시~4시

1시부터 4시까지 팀 연습 시간이기 때문에 3시간가량 훈련한다.

▲ 오후 4시~7시

4시부터 7시까지 자유시간이 주어진다. 개인적인 일을 처리하거나 개인 연습을 한다.

▲ 오후 7시~10시

저녁을 먹은 후 7시부터 10시까지 팀 연습 시간을 갖는다.

▲ 오후 10시~새벽

10시 이후에는 거의 새벽까지 개인 연습을 한다. 하루에 약 10시간가량 게임 연습을 하며 시간을 보낸다는 것을 알 수 있다. 이 때문에 선수들은 각종 통증에 시달리고 있다고 고백했다.

다음은 리그 오브 레전드 프로팀인 BNK FearX팀의 하루일과이다.

▲ 오전 11시 45분~오후 1시

선수들은 11시 45분 정도에 기상하여 출근을 준비한다.

▲ 오후 1시~4시

오후 1시부터 실전을 대비한 연습경기가 시작된다. 훈련은 연습경기를 하고 모여서 피드백하는 방식으로 오후 4시 넘어서까지 이어진다.

▲ 오후 4시 40분~7시

오후 4시 40분경 식사를 한다. 식사는 자율배식으로 진행되며 식사 후에는 오후 7시까지 자유시간이 주어진다.

▲ 오후 7시~10시

오후 7시부터 오후 연습 경기가 진행된다. 앞에서 하던 방식대로 오후 10시까지 훈련이 진행된다.

▲ 오후 10시~11시

밤 10시에 저녁을 먹는다.

▲ 오후 11시~새벽

밤 11시부터 새벽까지 개인 연습을 한다. 이때 선수에 따라 차이가 있지만 어떤 선수는 새벽 4시까지 개인 훈련을 하기도 한다. 하루일과를 마치면 선수들끼리 모여 간식과 맥주를 마시며 친목을 다진다. 그리고 잠에 든 후 다시 정오쯤에 기상하는 생활이 반복된다.

경기가 있는 날 선수들의 하루

선수들은 경기가 있는 날을 어떻게 보낼까? 경기가 있는 날 프로게임 선수들의 하루는 거의 정해져 있기에 가상의

A 선수를 통해 알아보자. 경기가 있는 날 게임은 오후 3시부터 6시 사이에 하기 때문에 이 시간에 맞춰 하루일과가 이루어진다.

▲ 오전 8시~10시

A 선수는 충분히 잠을 자고 아침 8시에 기상한다. 경기가 있는 날이기 때문에 몸을 잘 만드는 것이 중요하다고 생각하여 가벼운 스트레칭과 운동으로 몸을 푼다. 그리고 샤워를 하면서 기분을 전환하고 아침을 먹기 위해 식당으로 이동한다. 식당에는 팀에서 제공하는 영양가 있는 아침이 준비되어 있다. A 선수는 체력과 집중력을 유지하기 위해 탄수화물과 단백질 위주의 아침을 먹는다.

▲ 오전 10시~오후 12시

오전 10시부터 팀 회의가 진행된다. 이때 상대 팀을 분석하고, 경기에서 어떤 전략을 구사할 것인지 논의한다. 11시부터 1시간 동안 개인 연습을 한다.

▲ 오후 12시~오후 1시

12시에 점심을 가볍게 먹는다. 그래야 가벼운 몸으로 경기에 임할 수 있기 때문이다. 점심 식사 후 명상을 하면서 긴장된 마음을 가라앉힌다.

▲ 오후 1시~3시

오후 1시에 팀이 모여 경기 시작 전 마지막 점검을 한다. 경기 시작 1시간 전인 오후 2시에는 실전처럼 경기를 시뮬레이션 해보는 리허설 시간을 가진다. 이러한 리허설은 팀원들과의 호흡을 맞추기 위해 중요한 시간이다.

▲ 오후 3시~6시

오후 3시가 되면 드디어 실전 경기가 시작된다. 게임 경기는 보통 3전 2선승제(Bo3)나 5전 3선승제(Bo5)로 열리는데 오늘 경기는 3전 2선승제 경기이다. A 선수는 팀원들과 함께 최선을 다해 경기에 임했지만 운이 따라주지 않아 안타깝게 1 대 2로 패배하고 만다. 경기가 끝난 후 코치진과 함께 패배한 원인을 찾고 다음 경기에서는 꼭 이기자는 구호를 외친다.

▲ 오후 6시~8시

저녁 6시 경기가 끝난 후 팀원들과 저녁을 먹은 후 잠깐 휴식을 취한다. 이 시간에 A 선수는 패배에 대한 자신의 문제점을 파악하고 분석한다.

▲ 오후 8시~10시

오늘 패했기 때문에 오후 8시부터 10시까지 팀원들 모두 개인 연습을 한다. 내일 또 경기가 있기에 10시에 하루 일정을 마친다. A 선수는 오늘 게임에 진 기분을 전환하기 위해 가볍게 샤워하고 충분한 수면을 위해 11시에 침대로 향한다.

미국 e스포츠의 최고 스타, 조나단 웬델

미국의 조나단 웬델(Jonathan Wendel)은 2000년대 초반 1인칭 슈팅(FPS) 게임인 '퀘이크3'로 시작하여 2001년부터 2006년까지 무려 12개의 주요 세계대회에서 우승을 차지했다. 그는 세계 최고의 FPS 선수로 꼽힌다.

웬델은 1999년 Quake3 대회에서 우승을 차지하며 얼굴이 알려지기 시작했다. 이후 참가하는 대회마다 승리하며 18연승이라는 기록으로 당시 가장 유명한 퀘이크 스타로 떠올랐다.

조나단 웬델이 대단한 것은 퀘이크뿐만 아니라 여러 FPS 게임(Quake III Arena, Unreal Tournament, Painkiller, 카운터 스트라이커 등)에서 모두 성공을 거두었다는 사실이다. 그처럼 다양한 종목에서 챔피언 타이틀을 거머쥔 예는 많지 않다.

웬델은 참가하는 대회마다 우승을 차지하며 엄청난 상금을 벌어들였다. 이로 인해 그는 한때 e스포츠 역사상 단일 최고 수입을 거둔 프로게이머가 되기도 했다.

e스포츠에서 조나단 웬델을 특히 높이 사는 이유가 있다. e스포츠 초창기 미국과 유럽에서 프로게이머라는 직업이 아직 알려지지 않았을 때, 그가 e스포츠를 널리 알리고 발전시키는 발판을 만들었기 때문이다. 이로 인해 조나단 웬델은 2010년 e스포츠 '명예의 전당'에 이름을 올리게 되었다. e스포츠 명예의 전당은 e스포츠 발전에 크게 이바지한 선수만이 이름을 올릴 수 있는 곳이다.

한편 조나단 웬델은 사업가로도 큰 성공을 거둔 것으로 유명하다. 선수로 활동할 때 닉네임이 퍼탤리티(Fatal1ty)였는데 이것을 브랜드로 삼아, 게이머들을 위한 고급 게이밍 장비를 생산하는 사업을 했다. 그의 사업은 크게 성공하여 게임단을 만드는 데까지 확장되었다. 조나단 웬델의 성공은 많은 e스포츠 스타들이 자신의 브랜드를 만들어 사업을 하는 계기가 되었다.

5장
프로게이머의 미래는 어떨까?

프로게이머가 미래를
대비해야 하는 이유

프로게이머의 선수 수명은 매우 짧다. 어떤 선수는 20대 중반에 이미 은퇴를 하는가 하면, 길어도 30대를 넘기지 못하는 경우가 대부분이다. 우리나라의 경우 프로게이머의 평균 선수 수명은 짧게는 5년 길게는 10년을 넘지 못하는 것으로 나타나고 있다. 정적인 운동인 e스포츠의 선수 수명이 매우 격렬한 운동인 프로축구의 선수 수명과 크게 차이가 나지 않는다는 점은 이해가 필요하다.

프로게이머의 선수 수명이 짧은 이유

프로게이머의 선수 수명이 짧은 이유에 대해서는 앞에서 이미 이야기한 바가 있다. 주로 신체적, 정신적 문제를 수명이 짧은 원인으로 지목했었다. 하지만 이보다 더 근본적인 이유가 있다. e스포츠 프로무대는 생존경쟁이 벌어지는 그야말로 정글 같은 곳이다. 프로라는 이름에 걸맞게 이익을 내야 생존할 수 있다.

하지만 아직까지 우리나라 e스포츠 프로구단은 적자를 면치 못하는 곳이 태반이다. 그래서 어제 유명했던 프로팀이 얼마 지나지 않아 사라지는 일이 다반사로 일어나고 있다. 이런 가운데 각 프로구단은 살아남기 위해 선수들을 압박할 수밖에 없다. 경쟁에서 이겨야만 살아남을 수 있기 때문이다.

각 프로팀은 선수들에게 하루 10시간에 이르는 강도 높은 훈련을 시키고 있다. 이런 환경에서 오래도록 건강을 지켜낼 수 있는 사람은 극히 드물다. 선수 생활을 몇 년 하다 보면 자연스레 아픈 곳이 한두 군데 생기기 마련이다. 그런데도 아픔을 이겨내고 대회에 나가 성적을 올려야 한다.

이런 생활이 지속되다 보면 나이가 들면서 조금씩 감각이 떨어질 수밖에 없다. 프로게임의 세계는 뛰어난 감각을 필요로 하며 매우 빠른 반응 속도를 유지해야 버텨낼 수 있는 곳이다. 이때 감각이 뛰어난 젊은 선수들이 치고 올라오면 나이 든 선수들은 그들을 이길 재간이 없다. 프로게임 분야는 항상 최상급 실력을 유지해야 선수 생활을 계속할 수 있는 곳이다. 이런 곳에서 최상급 실력을 유지하기 힘들어지면 자연스럽게 세대교체가 이루어질 수밖에 없다. 이와 같은 이유로 프로게이머의 선수 수명이 짧아지는 것이다.

또 다른 원인도 있다. 부상 문제이다. 프로게이머들은 매일 오랜 시간 컴퓨터 앞에 앉아 반복적인 동작을 하기 때문에 잘 관리하지 않으면 거의 부상을 당한다. 프로축구의 선수 수명이 4년 이내로 나온 것은 바로 부상으로 인해 일찍 무대에서 떠난 선수들이 통계에 포함되어 있기 때문이다. 프로게이머도 마찬가지다. 부상을 잘 관리하지 못해 20대 중반이 되기도 전에 프로무대를 떠나는 프로게이머들이 많다.

무엇을 준비해야 할까?

프로게이머는 선수 수명이 짧다. 이같은 현상은 2000년대 초반 프로게이머가 생긴 이래 지금까지 변함없이 계속되고 있다. 앞으로도 프로게이머의 선수 수명은 짧을 수밖에 없다.

지금까지는 프로게이머가 되고 싶은 마음에 미래에 대한 계획 없이 프로무대에 뛰어든 사람이 대부분이었다. 이 때문에 불과 20대의 나이에 은퇴하여 미래에 대한 아무런 대책 없이 세상에 던져진 선수들이 부지기수로 나타났다. 20대의 나이에 배운 것은 게임밖에 없는 사람이 새로운 직업을 가진다는 것은 쉽지 않은 일이다.

그러므로 프로게이머를 꿈꾸는 사람은 프로게이머의 선수 수명이 짧다는 사실을 미리 이해하고 그 길로 뛰어들어야 한다. 당장 프로게이머가 되는 것도 힘든데 미래의 진로까지 준비하는 것은 쉽지 않다. 하지만 사람의 소질은 꼭 한 군데만 있는 것이 아니다. 사람은 A가 안 될 때는 B를 할 수 있도록 만들어져 있다.

따라서 프로게이머를 꿈꾸는 학생들은 학창 시절부터 게임 외에 잘 하는 것 하나 정도는 공부해야 한다. 예를 들어 게임과 관련된 일이 꼭 프로게이머만 있는 것은 아니다. 게임 관련 산업의 규모가 엄청나며 이와 관련된 산업에도 여러 분야의 일자리가 있다.

게임 스토리를 쓰는 작가, 게임을 개발하는 프로그래머도 있다. 또 게임을 마케팅하는 사람, 게임을 디자인하는 사람도 있다. 즉 게임 산업 분야에는 거의 모든 종류의 직업군이 다 포함되어 있다. 따라서 게임 외에 하나 정도의 분야를 공부해 둔다면, 프로게이머로 활약하다가 은퇴하더라도 그 분야에서 새로운 진로를 만들 수 있다.

은퇴 후 어떤
직업을 가질까?

운동선수들의 이른 은퇴 문제는 비단 프로게임 선수만의
문제가 아니다. 다른 프로스포츠 선수들도 똑같이 겪고 있
는 문제이다. 이른 나이에 은퇴한 후 다른 직업으로 잘 전환
하는 경우도 있지만, 새로운 사업 등을 시도하다가 실패하
는 경우도 많다. 우리 사회는 경쟁이 치열한 곳이다. 한 분
야의 전문가도 살아남기 힘든 곳에서 한 번도 해보지 않은
일에 뛰어드는 것은 쉽지 않은 길이다.

감독과 코치
프로게이머는 은퇴한 후에 어떤 진로를 선택하는 것이
좋을까? 처음 프로게이머라는 직업을 선택할 때 내가 게임
을 잘하기 때문에 선택했던 것처럼 제2의 직업을 선택하는

것도 마찬가지 개념으로 접근해 보면 어떨까? 내가 잘할 수 있거나 어느 정도 경험이 있는 분야에서 새로운 직업을 선택해야 그 직업을 오래 유지할 수 있다.

프로게이머는 결국 게임과 게임대회에 전문성이 있는 직업이다. 따라서 게임이나 게임대회와 관련 있는 직업을 선택한다면 누구보다 잘 해낼 수 있을 것이다.

게임이나 게임대회와 관련된 직업으로 가장 먼저 생각해 볼 수 있는 것이 바로 게임팀 코치이다. 게임팀 코치는 프로게이머가 게임팀에 있을 때 함께 동고동락한 사람이다. 그래서 선수들에 대해 누구보다 잘 알고 있다. 게임팀 코치는 선수가 최선의 성적을 낼 수 있도록 실력을 키워 주고 자신감을 최대한 발휘할 수 있도록 돕는 일을 하는 직업이다. 프로게이머는 게임팀 코치의 역할을 곁에서 지켜보았기 때문에 그 일을 하기에 유리한 면이 있다.

물론 코치는 아무나 할 수 없다. 어느 정도 리더십이 있고 상대를 설득할 수 있는 언어 능력이 있어야 할 수 있는 직업이다. 자신이 여기에 해당한다고 생각되면 코치는 은퇴 이후 최선의 직업이 될 수 있다.

어떻게 해야 게임팀 코치가 될 수 있을까? 먼저 공식적인 코칭 경력을 쌓는 과정이 필요하다. 처음에는 아마추어 게임팀에서 코치 생활을 시작할 수 있다. 우리나라에는 주

니어 팀, 연습생 팀, 아마추어 리그 등 아마추어 게임팀들이 많다. 이런 곳에서 코치나 어시스턴트 코치로 시작할 수 있다.

또 공식적인 코치 자격증을 취득하는 것도 좋은 방법이다. e스포츠 팀이나 리그에서 코치 자격증을 요구하는 곳도 있기 때문이다. e스포츠 코치 자격증은 한국e스포츠협회에서 발급받을 수 있다.

만약 코치가 되기 위한 교육을 받고 싶다면 코치 교육 프로그램을 운영하는 글로벌 e스포츠 기관들이 있으니 이곳에 지원하여 교육받는 것도 좋은 방법이다.

코치 생활을 시작하고 경력을 쌓아나간다면 이제 게임팀 감독까지도 꿈꿔 볼 수 있다. 대개 프로게임팀은 감독 1명, 코치 1~2명으로 구성되는 경우가 많다. 감독은 코치로서 어느 정도 경력을 쌓고 성과를 낸 사람 중에 뽑힐 가능성이 높다. 따라서 코치 생활을 잘 해낸다면 감독까지 꿈꿔 볼 수 있다.

해설자와 방송인

e스포츠 대회는 방송을 통하여 중계되는데, 이때 e스포츠 해설자가 활약한다. e스포츠 해설자는 축구나 야구 중계 방송 해설자처럼 e스포츠 대회 방송에서 경기 내용을 전문

적으로 해설하는 직업이다. 프로게이머는 e스포츠 대회 현장을 경험한 사람이기 때문에 누구보다 게임에 대한 깊은 이해가 있다. 따라서 이를 바탕으로 경기를 분석하고 시청자들에게 경기 상황을 논리적으로 잘 설명하는 데 유리하다. 이 때문에 e스포츠 해설자는 은퇴 프로게이머에게 인기 직업이다.

e스포츠 해설자가 되기 위해서는 게임에 대한 지식과 함께 말을 논리정연하게 잘하는 능력이 필요하다. 단점은 e스포츠 해설자의 자리가 많지 않다는 점이다. 그래서 e스포츠 해설자가 되기 위한 경쟁이 치열하다.

프로게이머 은퇴 후 가장 쉽게 생각해 볼 수 있는 일이 게임 관련 방송이다. 게임 관련 방송은 공중파나 케이블 채널에서 운영하는 게임 방송과 개인 방송이 있다. 프로게이머 시절 인기를 끌었고 개인적으로 입담이 좋다면 공중파나 케이블 채널에서 운영하는 게임 방송에서 출연 섭외가 올 수 있다. 이때 좋은 이미지를 각인시키면 방송 출연 횟수가 많아지면서 전문 방송인으로 자리 잡을 수도 있다. 대표적으로 홍진호 선수는 이제 방송인으로 더 유명한 사람이 되었다.

개인 방송 플랫폼인 트위치나 유튜브 등에서 방송을 진행할 수도 있다. 요즘 전 세계적으로 개인 방송이 성행하기 때문에 프로게이머들은 현역 시절부터 개인 방송을 이미 하는 경우가 많다. 개인 방송이란 자신의 채널을 운영하면서 게임 플레이를 보여 주거나 팬들과 소통하는 것을 말한다.

게임 관련 개인 방송은 이미 많은 팬층을 확보한 프로게이머 출신들이 많아 여기에 출연하며 수입을 얻고 인지도도 쌓을 수 있다.

프로게이머와 간접적으로 관련된 기타 직업들

해설자나 방송인은 준수한 외모와 함께 언변도 좋아야 하는 직업이다. 인기 프로게이머라 해도 여기에 자신 없는 사람이 있을 수 있다. 이때에는 e스포츠 관련 조직에서 매니저나 운영진으로 일하는 것도 생각해 볼 수 있다.

프로구단이나 프로리그에서는 팀 운영과 리그 운영을 위해 팀의 선수 관리, 리그 운영 관리, 스폰서십 관리, 마케팅 관련 업무 등을 진행할 직원이 필요하다. 여기에 관련된 업무 중 자신에게 맞는 분야를 골라 취직할 수도 있다. 선수 출신들이 선수 관리를 잘한다고 하는데 이는 선수 생활의 경험을 바탕으로 선수들의 입장을 잘 이해하기 때문이다.

만약 자신에게 어느 정도 사업가 기질이 있다고 생각되면 e스포츠 아카데미 사업을 생각해 볼 수 있다. 실제 운영되고 있는 e스포츠 아카데미 중에는 은퇴한 선수들이 세운

곳도 있다. 자신이 경험해 본 분야이기 때문에 어떻게 교육해야 좋은 프로게이머를 양성할 수 있는지 누구보다 잘 안다는 장점이 있다.

e스포츠 아카데미에서 주로 행해지는 교육은 기술 훈련, 멘탈 관리 등인데, 여기에 자신의 경험을 전수해 주면 좋은 교육 커리큘럼을 만들 수 있다. e스포츠 아카데미는 차세대 프로게이머들을 키워냄으로써 게임 산업의 발전에 기여한다는 자부심이 있는 직업이다. 하지만 아카데미를 설립하려면 자본이 들어가기 때문에 사업가 기질이 어느 정도 있어야 할 수 있는 일이다. 만약 자신에게 사업가 기질이 보이지 않는다면 e스포츠 아카데미에서 강사로 활동하는 것도 고려해 볼 수 있다.

마지막으로 게임 회사의 광고 모델이나 홍보 활동에 참여하는 직업도 있다. 게임 회사에서는 새로운 게임을 출시할 때 인기 프로게이머를 광고 모델로 내세우거나 게임 홍보대사, 브랜드 앰버서더 등을 정하여 게임을 홍보(마케팅)한다. 자신이 프로게이머 시절에 어느 정도 인기가 있었다면 이 직업에도 도전해 볼 수 있다.

미래 유망
직업들

우리는 앞에서 프로게이머와 직간접적으로 관련된 직업에 대해 알아보았다. 이번에는 프로게이머와 관련된 미래 유망 직업에 대해 살펴보자.

그동안 부정적 인식이 일부 있었던 게임은 이제 e스포츠로 발전하여 e스포츠라는 새로운 산업 분야로 각광받고 있다. 이에 e스포츠 산업과 관련된 유망한 직업들이 생겨나고 있으며, 은퇴 후에도 직업을 가질 수 있는 기회가 점점 더 많아지고 있다.

e스포츠 에이전트 및 컨설턴트

e스포츠의 발전과 더불어 e스포츠 에이전트라는 직업이 각광받고 있다. 에이전트란 프로선수의 계약이나 사업과

관련된 모든 일을 대신해 주는 직업을 말한다. 이미 다른 프로스포츠에서는 유망한 직업으로 자리잡고 있는 분야이기도 하다. 프로야구의 스캇보라스와 현재 축구계에서 가장 영향력 있는 조르즈 멘데스는 에이전트계의 전설이다. 아직 프로축구나 프로야구 수준은 아니지만 e스포츠의 성장과 함께 e스포츠계에서도 에이전트가 유망한 직업 분야로 떠오르고 있다.

e스포츠 에이전트는 프로선수들의 계약에 관한 협상을 대신하고, 스폰서십 계약과 선수를 관리하는 일을 담당한다. 그런데 만약 선수 출신이 에이전트를 맡는다면 선수들의 입장을 더 잘 이해할 수 있기 때문에 보다 효과적으로 일할 수 있다는 장점이 있다.

한편 e스포츠 컨설턴트도 유망한 직업군이다. 컨설턴트란 어떤 기업이나 단체에서 원하는 내용에 대해 전문가적 지식을 바탕으로 상담하고 조언해 주는 직업을 뜻한다. e스포츠 산업의 발전과 함께 많은 게임 회사, 리그 운영자, 팀 운영자 중에는 컨설팅을 원하는 곳이 많다.

e스포츠 컨설턴트는 이들을 대상으로 문제의 해결책을 찾아주거나 성장을 위한 전략적인 조언을 해줄 수 있다. e스포츠 컨설턴트는 개인적으로 활동할 수도 있고, 컨설팅 회사를 차리거나 소속되어 활동할 수도 있다.

게임 개발에서 게임 기획자

하나의 게임이 대중 앞에 나오기 위해서는 쉽지 않은 과정을 거친다. 게임 회사에서는 하나의 게임을 개발하기 위해 엄청난 투자를 아끼지 않는다.

예를 들어 요즘 나오는 대형 게임들은 개발비만 해도 수백억 원에 달할 정도로 규모가 크다. 대형 게임을 개발하는데 스토리 작가만 해도 수십 명 이상이 달라붙을 정도다. 왜냐하면 게임 하나가 성공하면 투자비의 몇 배에서 몇십 배 이상의 수익을 올릴 수 있기 때문이다.

게임 개발에서 가장 중요한 부분이 바로 게임 기획이다. 게임 기획이란 어떤 게임으로 만들지 전체적인 주제와 내용을 결정하는 일을 뜻한다. 게임의 성공 여부가 첫 단계인 게임 기획에서 이루어진다는 말이 나올 정도로 게임 기획은 대단히 중요하다.

그러므로 게임 기획 부분에 프로게이머 출신이 참여하면 여러 면에서 큰 이득이 있다. 프로게이머 출신들은 게임에 대한 전문적인 지식을 갖고 있을 뿐만 아니라 실제적인 경험을 갖고 있기 때문이다. 이러한 지식과 경험이 기획 과정에 반영되면 게임 기획에 중요한 역할을 할 수가 있다.

예를 들어 프로게이머들은 게임 커뮤니티와 밀접하게 소통하고 있으므로 최신 게임 트렌드나 플레이어들이 원하는 바를 잘 파악하고 있다. 이러한 지식을 게임 기획에 활용하면 큰 도움이 된다. 또 프로게이머 출신들은 게임에서 어떤 부분이 재미있고 어떤 요소들이 플레이어에게 더 하고 싶은 감정을 불러일으키는지 알고 있기 때문에 이 또한 게임 기획에 적용할 수 있다. 이런 이유로 게임 회사에서는 프로게이머 출신의 게임 기획자를 채용하거나 협력하여 일하기도 한다.

게임 관련 사업가 및 창업

만약 사업가적인 기질이나 마인드가 있는 프로게이머라면 은퇴 후 자기 경험을 바탕으로 사업에 도전해 보는 것도 좋은 대안이 될 수 있다. 이때 자신이 잘 모르는 분야에 뛰어들기보다는 게임에 대한 전문성을 바탕으로 e스포츠 산업 관련 사업을 시작한다면 경쟁력을 가질 수 있다.

e스포츠 산업 관련 사업에는 어떤 것들이 있을까? 가장 먼저 e스포츠 관련 의류나 주변기기를 생산하거나 판매하는 사업을 들 수 있다. 각 스포츠 분야에서는 자기들만의 색깔을 나타내는 의류산업이 발달해 있다.

예를 들어 축구에서는 유니폼, 골프에서는 골프복 등이 그것이다. e스포츠에서도 오랫동안 컴퓨터 앞에 앉아서 게임을 해야 하는 특성을 잘 이용한 고유의 의류를 개발한다면 시장에서 충분히 성공할 가능성이 있다. 개발 사업에는 많은 자본이 들 수 있으므로 e스포츠 의류를 유통하거나 판매하는 사업도 생각해 볼 수 있다.

또 e스포츠 주변기기 사업도 있다. 일반 대중을 상대로 최적화된 게임을 하기 위한 게이밍 마우스, 키보드, 헤드셋, 모니터, 의자, 기타 기기들을 개발하거나 판매하는 사업을 생각해 볼 수 있다.

한편, e스포츠 관련 서비스를 제공하는 사업도 있다. 현재 PC방 개념보다 상위 개념의 e스포츠 전문 PC방 사업, e스포츠 카페나 훈련 센터 같은 사업도 있다.

프로게이머의
미래 전망

현재 프로게임 시장은 e스포츠의 발전과 함께 성장을 거듭하고 있다. 이와 함께 프로게이머라는 직업은 유망한 직업으로 인정받고 있다.

그렇다면 10년 후 미래에 프로게이머라는 직업은 어떻게 변할까? 인공지능의 출현으로 미래에는 많은 직업이 사라질 거라고 하는데, 프로게이머도 영향을 받게 될까? 프로게이머의 미래에 대해서는 긍정적 예측과 부정적 예측이 동시에 존재한다.

미래의 프로게이머는 어떤 모습으로 일할까?

미래의 프로게이머가 어떤 모습으로 변할지 상상해 보자. 현재 세계는 4차 산업혁명 기술에 의해 빠르게 변화하고 있다. 머지않은 미래에 4차 산업혁명 기술이 더욱 깊이 실현되면서 우리 생활은 물론 게임 세계에도 큰 변화가 일어날 것으로 예상된다.

현재 게임에도 인공지능 기술이 도입되어 있으며, 4차 산업혁명의 핵심 기술 중 하나라고 할 수 있는 메타버스 기술이 현실화되면 미래의 게임 판도에도 큰 변화가 일어날 것으로 예상된다.

현재 게임은 2차원 모니터를 보면서 플레이어가 게임하는 방법으로 진행되고 있다. 하지만 가상 현실(VR), 증강 현실(AR), 혼합 현실(MR) 등과 같은 메타버스 영상 기술들이 현실화되면 단지 모니터 앞에서만 하는 게임이 아닌, 현실의 공간에서 홀로그램 영상 등으로 가상 게임 플레이를 할 수 있다.

지금도 고글(안경)을 쓰고 가상 현실(VR) 게임을 할 수 있다. 하지만 가상 현실(VR) 게임은 여전히 화면에서 현실과 같은 가상 게임을 즐기는 것에 지나지 않는다. 미래에는 실제 현실로 튀어나온 가상 게임을 즐길 수 있는 시대가 올 것이다. 이는 고글을 쓰지 않고도 3차원의 가상 게임을 즐길 수 있는 시대를 말한다.

따라서 프로게이머는 현실로 튀어나온 홀로그램 영상을 보면서 마우스나 키보드 조작이 아닌 실제 손가락 움직임과 몸동작, 생각 등으로 게임을 하면서 경기할 것이다. 지금처럼 몇 시간 동안 앉아서 게임하는 것이 아니라 자유로운 동작과 생각으로 게임을 하기 때문에 훨씬 좋은 조건에서 게임하는 시대가 온다.

부정적 전망도 있다!

프로게이머 직업에 대한 긍정적 전망만 있는 것은 아니다. e스포츠 강국으로 세계 게임 시장에서 이름을 날리고 있는 우리나라에서 특히 부정적 전망이 나타나는 경향이 있다.

한국콘텐츠진흥원이 발간한 '2023 e스포츠 실태조사' 보고서에 따르면, 우리나라의 e스포츠 산업은 꾸준히 성장해 왔으나 2019년 말 코로나19 사태로 인해 2020년 이후 내리막길을 걷고 있다.

다행히 2021~2022년 회복하는 듯했으나 2023년 다시 e스포츠 산업 시장 규모가 줄어들었다. 또한 우리나라의 e스포츠 산업이 세계 시장에서 차지하는 비중도 그리 높지 않다. 상황이 이렇다 보니 e스포츠 산업의 강국이라는 말도 차츰 무색해지고 있다. 실제 e스포츠의 인기가 과거 같지 않다는 말도 돌고 있다.

우리나라 e스포츠 게임단의 운영을 보면 더욱 위기감이

돈다. 우리나라 프로게임단의 연간 예산이 50억 원 이상인 곳은 전체 16곳 중 3곳에 불과하다. 나머지 게임단은 매우 영세하게 운영되고 있는 것으로 파악되고 있다.

케이디앤리서치의 '2021년 e스포츠 실태 산업 현황'을 보면 우리나라 프로게임단의 현실을 엿볼 수 있다.

우리나라 e스포츠 구단은 대부분 구단 운영비로 평균 35억~45억 원을 쓰는 반면, 영업 이익은 10억 원 이하인 것으로 나타났다. 이는 대부분의 구단들이 수억에서 수십억의 적자를 보면서 구단을 운영하고 있음을 보여 주는 지표이다. 그럼에도 불구하고 프로게임단이 유지되는 이유는 기업 홍보 때문이다. 하지만 기업에 의존하는 게임단은 기업의 상황이 좋지 않으면 곧 해체 수순을 밟아야 하기 때문에 이는 바람 앞에 켜진 촛불인 격이다. 결국 안정적인 흑자를 낼 수 있어야 프로게임단이 오래 유지될 수 있다. 그런데 우리나라에서 이런 구단은 몇 개 되지 않으므로 이름을 오래 유지하는 구단이 매우 적은 상태이다.

따라서 우리나라에서 프로게이머 직업은 과거의 스타크래프트 시절처럼 분위기를 반전시킬 수 있는 획기적인 게임이 나오지 않는 한 미래 전망이 밝다고 할 수 없는 상황이다.

프로게이머 직업의 긍정적 변화

프로게이머 직업의 미래는 e스포츠 산업의 미래 전망과 직결되어 있다. e스포츠 산업의 미래 전망을 알아보기 위해 몇몇 기관에서 예측한 조사 자료를 살펴보자.

e스포츠 리서치 전문기업인 뉴주의 조사에 따르면, 세계 e스포츠 산업 규모는 2021년 11억 3,700만 달러(약 1조 4,800억 원)에서 2025년이 되면 약 22억 8,500만 달러(약 2조 9,700억 원)로 성장할 것으로 전망된다. 실제 글로벌 e스포츠 시청자 수는 2020년 4억 3,570만 명에서 2022년 5억 3,200만 명으로 꾸준히 증가하고 있는 것으로 나타났다. 이를 바탕으로 2025년에는 6억 4,800만 명으로 늘어날 것으로 예측하고 있다.

또 시장조사업체 스태티스타의 조사에 의하면, e스포츠 산업은 2024년 기준으로 연평균 7.1%의 성장률을 기록하면서 2028년에는 57억 달러(약 7조 6천억 원)에 이를 것으로 전망된다.

시장조사업체 리서치앤드마켓도 전 세계 e스포츠 시장 규모가 2022년 13억 9,000만 달러(약 1조 8,000억 원)로 성장했으며, 이러한 성장세가 계속 지속되어 2030년까지 연평균 16.7%의 성장률을 보이면서 성장할 것으로 예측했다.

이와 같이 전 세계 시장조사 업체들은 한결같이 e스포츠 산업이 미래에도 계속 성장할 것으로 예측하고 있다.

　e스포츠 산업은 결국 프로게임대회와 발맞춰 성장하기 때문에 프로게이머 직업의 미래 전망 또한 매우 밝다고 볼 수 있다.

15년간 정상을 지킨 파트리크 린드베리

스웨덴 출신의 파트리크 린드베리(Patrik Lindberg)는 카운터 스트라이크1.6과 카운터 스트라이크:글로벌 오펜시브(CS) 분야에서 전설적인 성적을 거두면서 세계적인 프로게이머로 이름을 남긴 인물이다.

그는 2006년부터 2010년까지 영국을 소재로 한 다국적 e스포츠 프로게임팀인 프나틱(Fnatic) 소속으로 활동했고, 주요 대회에서 우승을 차지하면서 두각을 나타내기 시작했다. 이때 프나틱(Fnatic)은 세계 최고의 카운터 스트라이크 팀 중 하나로 이름을 날렸다.

파트리크 린드베리는 2012년에 스웨덴의 e스포츠 팀인 닌자스 인 파자마스(NiP, Ninjas in Pyjamas)로 옮긴 후 계속하여 우승 기록을 써내려갔다. 린드베리가 속한 닌자스 인 파자마스 게임팀은 무려 87연승이라는 e스포츠 역사에 남을 전설적인 기록을 세웠다. 그 외에도 그는 ESWC, IEM, DreamHack 등 수많은 국제대회에서 우승하며 카운터 스트라이크 역사상 최고의 선수로 자리 잡았다.

파트리크 린드베리가 대단한 점은 2006년부터 2020년 대까지 무려 15년 동안 정상급 프로게이머로 활동했다는 사실이다. e스포츠 스타의 수명이 아무리 길더라도 10년을 넘지 못하는데, 린드베리는 무려 15년 넘게 정상의 자리를 지킨 선수로 이름을 남겼다.

린드베리가 활약한 기간에 그의 주 종목인 카운터 스트라이크1.6은 카운터 스트라이크:글로벌 오펜시브(CS)로 게임이 전환된 시기였다. 그럼에도 불구하고 그는 주 종목을 카운터 스트라이크:글로벌 오펜시브(CS)로 바꾼 이후에도 계속하여 정상을 지켜내는 투혼을 발휘하였다. 이로써 그는 e스포츠 역사상 가장 오래 정상을 지킨 전설적인 선수가 되었다.